Manuela Torelli

SANANDA

Maria Magdalena

Meine große Liebe

Bitte fordern Sie unser kostenloses Verlagsverzeichnis an:

Smaragd Verlag
In der Steubach 1
57614 Woldert (Ww.)
Tel.: 02684.978808
Fax: 02684.978805
E-Mail: info@smaragd-verlag.de
www.smaragd-verlag.de

Oder besuchen Sie uns im Internet unter der obigen Adresse.

Deutsche Erstausgabe Januar 2004
Cover: PreData
Umschlaggestaltung: PreData
Satz: G. Heuchemer, Smaragd Verlag
Printed in Czech Republic
ISBN 3-934254-69-1

Manuela Torelli

SANANDA

Maria Magdalena

Meine große Liebe

Smaragd Verlag

Über die Autorin

Manuela Torelli, Jahrgang 1950, lebt in der Nähe von Zürich und ist Mutter von vier Kindern, selbstständige Unternehmerin, ausgebildet als Reiki-Meisterin und -Lehrerin und in Prana-Healing.
Außerdem arbeitet sie als Künstlerin im meditativen Malen von Seelenengeln.
Seit 1999 ist sie Channel und dient als Schreib-Medium der geistigen Welt.
Sie hat Kontakt zu den Aufgestiegenen Meistern und steht in einer innigen Beziehung zu Jesus-Sananda, der ihr dieses Buch durchgegeben hat.

Das abschließende Gedicht im Buch entstammt der Feder von Manuel Stettner und der Inspiration des Vaters.
Manuel Stettner schreibt bereits seit mehreren Jahren Gedichte, zu denen er durch die geistige Welt inspiriert wird.

Manuela Torelli gibt auch Seminare, in denen sie das automatische Schreiben in Zusammenarbeit mit der geistigen Welt lehrt. Informationen hierzu erhalten Sie über den Verlag bzw. unter www.blaue-lichtburg.de.

Inhalt

ATLANTIS UND DIE ENTSTEHUNG VON KARMA

Seid gegrüßt, meine Lieben,

ich möchte euch einführen in ein neues Denken, denn die Zeit wird bald so weit sein, dass ihr euch nicht mehr in diesem Denken bewegen werdet. Es ist Zeit zu sagen, wer sich auf Erden aufhält, um mit euch das zu feiern, was der VATER euch so sehr geben möchte – Frieden und Liebe.

Nun sehet, es wird noch kurze Zeit dauern und ihr werdet wissen, was ich meine und wovon ich rede, denn ich werde euch eine Geschichte erzählen, die nun schon einige Zeit zurückliegt.

☆☆☆

Als ich noch auf Erden weilte, gab es eine Frau, die sich meiner Liebe sicher sein konnte, denn sie war so rein in ihrem Denken, und sie hat die Liebe weitergegeben, die Liebe, die sich die Seelen geholt haben, die sonst nirgendwo Liebe bekommen konnten.

Schon damals hatte diese junge Frau meine Liebe zu sich geweckt, aber ich habe sie damals nicht zu mir nehmen können, denn ich hatte einen anderen Auftrag. Der Auftrag des VATERS, den ich zu erfüllen hatte, nahm mein ganzes Ich in Anspruch. Nun, diese junge Frau ist mir gefolgt und hat alles, was ich gesagt habe, genau gehört und befolgt, denn sie hat gewusst, dass die Zeit für einen gemeinsamen Weg kommen würde. Ich sage euch, es war eine harte Zeit, denn auch die Jünger haben mich manchmal sehr gefordert, und ich habe oft den VATER bitten dürfen, nicht zu streng zu sein mit ihnen, denn Verrat und Unachtsamkeit haben sie leben lassen.

Diese Zeit des Wandelns ist nun zu Ende, denn heute geht jedes Wesen seinen Weg. Aber damals waren die Menschen haltlos und ohne Liebe. Sie hatten niemanden, der für sie da war, der sie verstehen konnte und der sich ihrer Krankheiten annahm.

Nun, der VATER hat mich zu ihnen geschickt, um ihnen den Weg zu zeigen, den Weg zurück nach Hause in des VATERS Haus, meine Lieben. Aber auch dort hat es viele Wohnungen, denn seht, der VATER möchte nicht einfach sagen, so oder so ist der Weg zu gehen. Der Mensch, das heißt jede Seele, hat den freien Willen, dies so oder so zu tun. Aber bedenkt, wer an sich arbeitet, arbeitet sich den Weg nach Hause frei. Und ihr alle, wirklich alle, könnt wählen, welche Wohnung ihr beziehen möchtet. Und der VATER wird euch in Liebe empfangen, gleichgültig, welche Wohnung ihr bezieht.

Das, was damals geschehen ist, war etwas Wunderbares, denn diese meine große Liebe, die ich damals nicht lieben konnte, ist ein so wunderbares Wesen. Sie hat sich mit Heilkräutern, Düften und Kräutersalben ihr Leben verdient, denn in diesen Dingen besaß sie ein großes Wissen. Und dieses Wissen war von so großem Ausmaß, dass die Gelehrten es nicht haben konnten, dass da jemand war, der besser war als sie. Auch dieses hat dazu geführt, dass sich immer mehr Abneigung und sogar Hass über diese junge Frau ergossen haben. Seht, ich habe damals diese Fußsalbungen von ihr dankend entgegengenommen, denn sie hat das sehr liebevoll getan, und auch dieses tat meiner Seele gut, zu wissen, dass da jemand war, der wahre Liebe für mich empfand, ohne einen Gedanken, der nicht rein ist, denn das, meine Lieben, war damals nicht selbstverständlich.

Nun, damals sind wir sehr oft an einen Platz gegangen, wo wir ungestört sein konnten und ich die Jünger habe lehren können. Denn der VATER hat genau gewusst, was ich ihnen zu geben hatte, um sie richtig zu führen. Wir haben eine wunderschöne Zeit des Wirkens durchlaufen dürfen. Ich habe die Zeit dazu genutzt, um in Meditation mit ihnen zu gehen und sie in die Liebe des Seins des VATERS zu weisen und zu führen. Ich hatte genug von all dieser falschen Liebe der Menschen, die auf der Seite von Pontius Pilatus waren, und ich konnte nicht verstehen, warum sie nicht sehen wollten, was mit ihnen geschah. Nun, das war das Schlimmste für mich, zu sehen, wie Hass in so großem Ausmaße stattfinden konnte und wie alle diese negativen Energien sich auszubreiten versuchten. Das hat immer mehr zugenommen und dann Überhand genommen, sodass die Menschen nicht mehr gewusst haben, was ihnen geschah.

Und seht, meine Lieben, dieses war der Anfang vom Ende, – und die Menschen haben die Zeit verpasst, ihrem Leben einen Sinn zu geben.

Es war die Zeit meiner Gefangennahme. Nun, auf diese Zeit war der Zorn des VATERS gefallen, weil sein so innig geliebter Sohn diesen Menschen etwas gegeben hatte, das sie nicht haben sehen wollen. Und als ich dann am Kreuze hing, haben die Menschen geschrien und gelacht. Sie haben gespuckt, und auch meiner großen Liebe, die sich für mich und meine Freiheit eingesetzt hat, sie wurde geschlagen und getreten. Und das habe ich kaum ertragen, und auch der VATER nicht.

Meine Lieben, als mein Geist sich dem VATER näherte und ganz in Seine Hände ging, haben meine Mutter Maria und meine über alles geliebte Maria Magdalena und ihre Schwester mich gewaschen und gesalbt mit dieser Salbe und dem Öl, das Maria Magdalena gemacht hat. Sie war so liebevoll, dass die Wunden sich fast schlossen und meine Haut wieder beinahe heil war, als ich auferstanden bin.

Seht, meine Lieben, diese große wahre Liebe heilt Wunden, und seien sie noch so groß. Bedenkt meine Worte: Lebet die Liebe, die wahre Liebe, nicht nur die körperliche Liebe, so wie ihr sie versteht. Nein, die Liebe zum VATER und die Liebe eures Herzens, die der VATER euch einpflanzte, als ihr beschlossen habt, wieder zu inkarnieren.

Die wahre Liebe ist es, die euch weiterbringen wird in eurem Sein. Seht, ihr seid fähig zu all diesem. Ihr seid fähig, diese Liebe des VATERS weiterzugeben und weiterzutragen in großer Demut und großem Vertrauen zum VATER. Lasst es geschehen, dann habe ich nicht umsonst gelebt. Und alles Leid, das ich für euch getragen gelebt. Und alles Leid, das ich für euch getragen habe, habe ich nicht umsonst getragen.

Meine große Liebe hat noch lange im Sinne des VATERS weitergelebt, hat die Menschen unterrichtet. Auch die Jünger haben noch versucht, in meinem Sinne zu lehren, aber es ist Unverständnis über sie gekommen, und sie haben sich von mir entfernt in solch einem Ausmaße, dass sie selbst den Weg des Verderbens und des Todes gegangen sind. Sie hatten sich selbst so hoch und mit dem VATER gleich stellen wollen, und das geht nicht, meine Lieben. Der VATER ist gütig und voller Liebe, aber wer nicht in Seinem Sinne geht und die Menschen irre führt, der wird eine Zeit der Lehre zu durchgehen haben, um wieder auf den rechten Weg zu kommen, auf den Weg der Liebe. Hass und Eigensucht sind nicht im Sinne des VATERS.

Meine große Liebe ist gewandelt an so vielen Orten, um den Menschen zu helfen mit Worten und mit Taten, und sie hat das Wort des VATERS weitergegeben, hat es in alle Häuser hineingetragen mit viel Liebe, Demut und großer Freude, mit Sehnsucht nach meinem Sein und mit Sehnsucht im Herzen, irgendwann, wenn der VATER es möchte, in die Einheit zu kommen für immer und ewig. Nun, dieses sollte noch lange nicht sein.

Diese Seele hatte dem Vater versprochen, die Menschen zu führen, wenn die Zeit dafür reif ist und die Menschen wieder das Bewusstsein haben, dass das im Sinne des VATERS geschehen kann und darf.

Sie hat so viele Leben mit euch gelebt und euch geliebt. Sie hat euch immer wieder Impulse des VATERS geschickt in so vielen Inkarnationen, und ist immer im Göttlichen Sinne weitergegangen bis in eure Zeit, die Zeit im Hier und Jetzt.

Diese junge Frau hat damals als Prophetin lange, lange Zeit gewirkt und alles, was der VATER über sie den Menschen hat kund tun wollen, diesen gebracht, aber der Rat der Kirche hat sie verspottet und verstoßen, sie haben sie eingeschlossen in Kerker und Verließe, ohne Wasser und Brot. Aber selbst kurz vor dem Verhungern hat sie den Menschen noch die Liebe des VATERS gebracht. Ja, meine Lieben, so war das. Und dann haben die Menschen sie hasserfüllt gesteinigt. Da ist die Hand des VATERS ihr zu Hilfe gekommen, denn kein Stein hat sie getroffen. Sie durfte sich in Licht auflösen und in ihrem Sein die Erde verlassen. Sie hat die Erde verlassen mit ihrem Körper, meine Lieben! Und das konnte nur geschehen, weil dieses Wesen die Reinheit hat, die es braucht, um mit dem Körper aufzusteigen.

Und das wünscht sich der VATER: dass ihr alle mit dem Körper aufsteigen möget. Die Zeit wird kommen, wo dieses wieder möglich sein wird für so viele von euch. Arbeitet in Liebe an diesem eurem Aufstieg!

Der VATER hat so große Freude für jeden, der es wagt, dieses anzugehen und die Arbeit an sich zu tun. Die Zeit wird es zeigen, wie groß die Liebe zum VATER von jedem Einzelnen von euch ist. Aber bedenkt, wie wunderbar es sein wird, wenn euer Wirken nach eurer Bestimmung geschehen kann und darf. Eure Seele wartet schon so lange darauf. Ich liebe euch so sehr! Und ich möchte euch auch sagen, dass so viele Lichtwesen da sind, die euch den Weg zeigen und sie eure Wege ebnen, die ihr gehen dürft.

☆☆☆

Immer wieder ist meine große Liebe im Sinne des VATERS auf Erden gewandelt, um alles zu durchleben, was es braucht, um in der Zeit, die kommen wird, zu bestehen und handlungsfähig zu sein im Sinne des VATERS. Denn das – im Sinne des VATERS zu leben – das steht bei ihr immer an erster Stelle, und das sollte auch bei euch an erster eurer Stelle stehen.

Mein Liebes hat es sich zur Aufgabe gemacht, möglichst viele von euch zu erreichen, und hat überallhin Lichtarbeiter ausgesandt, um ihr Werk schneller voranzutreiben. Denn im Wissen, dass die Zeit nun immer kürzer wird und der VATER immer ungeduldiger, hat sie immer noch mehr Lichtarbeiter und Engel, die mit ihr arbeiten, auf die Erde schicken lassen. Seht, sie hat in eurer Welt Wesen ausgebildet; und wenn sie in der Einheit war, hat sie dort ausgebildet, um diesen Wesen, wenn sie bereit waren, wieder zu inkarnieren, den Samen des VATERS mitzugeben. Und so hat sich das verbreitet, meine Lieben. Und das gilt auch für meine so innig geliebte Mutter Maria, die auf der Erde immer und immer wieder wundertätig ist und sich so viel Mühe macht, die Seelen zurückzubringen in des VATERS Haus, denn wie ihr wisst, ist der VATER immer in großer Liebe bereit, jeden Engel, sei er noch so tief gefallen, wieder in Liebe in seine Arme zu nehmen und mit ihm Frieden zu schließen für alle Zeit.

☆☆☆

Nun möchte ich euch weiter erzählen, wie meine große Liebe ihren Weg gegangen ist. Sie hatte noch so viele Inkarnationen, in denen sie etwa als Kräuterfrau lebte, die die Kranken heilte, als Herrscher, der das Volk in Liebe führte, oder als Nonne, die dem VATER und meiner so innig geliebten Mutter diente, bis die Zeit wieder da war, um ihr Wirken weiterzuleben, denn sie ist in all ihren Leben durch viel Leid gegangen, um die Liebe des VATERS weiterzutragen. Sie hat nicht aufgehört damit und immer wieder den Menschen vom VATER erzählt, der sie alle zurückhaben möchte in Seinem Hause, um mit ihnen in großer Liebe zu sein, meine Lieben.

Es hat eine Zeit gegeben, da hat der VATER zu meiner großen Liebe gesagt: „Du kannst in der Einheit bleiben, denn deine große Liebe hat so Sehnsucht nach deiner Liebe."

Aber sie sagte: „Unsere Liebe ist für die Ewigkeit gemacht. Und ich weiß, mein so innig geliebter VATER, dass Du noch so viele Seelen da unten auf Erden hast, die Du zurückhaben möchtest, um sie in Deine Arme zu schließen für alle Zeiten." Das war dann wieder die Zeit, die meine große Liebe auf die Erde zu ziehen begann, und mein Warten auf ihre Rückkehr wieder so lange sein ließ. Aber da hatte der VATER ein Einsehen mit uns, denn unsere Liebe ist unermesslich groß und rein. Er hat gesehen, dass wir ohne einander fast nicht mehr sein können, aber er hat auch gesehen, wie ihr Wirken auf Erden beginnt, Früchte zu tragen; noch nicht viele, aber es ist ein Anfang, und das hat den VATER veranlasst, sie immer und immer wieder auf die Erde zu schicken. Eine Zeitlang ist dieses gut gegangen, denn ich konnte sie immer wieder in der Nacht zu mir holen, um ihr Liebe und Energie zu geben, auf Erden weiter ihre Arbeit im Sinne des VATERS zu tun, bis dann eine Zeit kam, wo das Energiefeld sich noch mehr verdichtete. So sehr, dass es unmöglich geworden war, meine große Liebe zu mir zu holen in der Nacht.

Diese Zeiten waren die schlimmsten meines Wartens in der Einheit. Und zusehen zu dürfen, wie sie sich all die Mühe machte, die Menschen zurückzuholen, die der VATER haben möchte, denn die Seelen dieser Menschen sind im Kern, in ihrem Sein, so unglaublich rein und wunderschön. Aber sogar sie konnten den Zugang zu ihren Körpern nur schwer finden. Es war alles so voll Hass und dunkler Macht, und alles war wieder dabei, zusammenzubrechen. Nun, sie sagte immer zu mir: Sehe, mein so innig Geliebter, diese Wesen haben die Macht des VATERS noch nicht verstanden, und ich werde ihnen helfen, diese Macht zu verstehen. Und wenn es geht, bis an das Ende der Zeit.

Das Ende der Zeit ist nahe, meine Lieben. Und nun ist es nicht mehr lange, bis der VATER Seine Hand sinken lässt auf das, was kommen wird, um alles rein zu machen, und Sein Wirken ist wirksam überall auf der ganzen Erde. Und darum rate ich euch, endlich wach zu werden und nicht mehr zu verschlafen was so wichtig ist für euch.

Meine große Liebe wird noch viele Wunder vollbringen dürfen mit euch, sodass jeder genau weiß, zu wem sie gehört und für wen sie die Arbeit tut.

☆☆☆☆☆

ATLANTIS – DAMALS UND HEUTE

Nun, meine Lieben, möchte ich euch erzählen, wie es dazu gekommen ist, dass meine große Liebe sich beim VATER bereit erklärt hat, noch einmal in dieses, das jetzige Leben, zu inkarnieren.

Dieses geht zurück bis Atlantis. Ja, Atlantis, meine Lieben. Damals gab es eine Zeit, die am Anfang sehr, sehr schön war. Aber die Wesen, die damals dort lebten, die haben sich nicht im Sinne des VATERS entwickelt. Sie haben angefangen zu manipulieren und zu töten und Wesen zu schaffen, die heute noch ihr Unwesen treiben. Denn das müsst ihr wissen: Alles ist Energie, und Energie ist unsterblich. Das heißt, diese Wesen leben in einer Energieform, die immer wieder in irgendeiner Art und Weise erscheint, um selbst weiterzukommen und sich zu entwickeln, um irgendwann einmal als vollendet zu gelten und als anerkannte Wesen zu leben. Solche Wesen haben die atlantischen Wesenheiten erzeugt und mit ihnen experimentiert. Sogar geklont haben sie, so wie es jetzt auch wieder geschieht. Könnt ihr spüren, worauf ich euch hinweisen möchte, meine Lieben?

Nun, wir sind wieder sehr nahe am Ende, so wie damals die Atlanter.

Damals haben sich diese Wesen die Macht genommen und nicht mehr im Sinne des VATERS gelebt und geliebt. Sie haben angefangen, sich zu nehmen, was ihnen nicht gehörte. Sie nahmen sich Menschen, und auch Frauen.

Sie haben mit Formeln ihren Willen außer Kraft gesetzt, um sich ihrer zu bedienen, ungefragt. Und auch Frauen haben ihre Macht missbraucht. Und so ist Karma entstanden.

Sehet, die Atlanter waren sehr, sehr hohe Seelen, die die Möglichkeit hatten, sich von der neunten Dimension weiter hoch zu entwickeln, zurück zum VATER. Aber durch diese Machenschaften sind sie immer weiter gesunken, und die Erde mit ihnen. Denn die Erde, Mutter Erde, hat sich in großer Liebe zum VATER und zu diesen Wesen bereit erklärt, ihnen zu helfen, damit sie den Weg nach Hause in die Einheit wieder finden mögen. Und ihr könnt sehen, wie Mutter Erde geduldig mit euch ist und euch immer noch trägt. In großer Liebe tut sie ihr Werk. Das wird sich ändern in naher Zukunft, meine Lieben, denn Mutter Erde wird von euch nicht mit viel Liebe behandelt, wird mit Füßen getreten und ausgenutzt.

Nun hört weiter von Atlantis, dem Ursprung eures Seins im Jetzt. Diese Wesen hatten dort einen ganz bestimmten Auftrag des VATERS zu erfüllen, und sie sind diesem Auftrag lange Zeit nachgegangen. Es hat sich eine Seite entwickelt, die der Wissenschaft diente, und eine andere, die der Landwirtschaft diente, damit sie selbst und die Tiere leben konnten. Und die Menschen, die sich der Landwirtschaft gewidmet haben, haben ihre Aufgabe recht gut erfüllt, bis die Zeit kam, wo es immer öfter zur Unterdrückung kam und diese schließlich Oberhand genommen hat.

Die andere Seite, die Wissenschaftler, haben angefangen zu manipulieren und zu kämpfen mit allem, was ihnen an Macht zugeflossen war. Und selbst Wissenschaftler, die im weisen Sinne gearbeitet haben, hatten Streitigkeiten miteinander, und es waren nur wenige, die im Göttlichen Sinne weiter wirkten und den Willen des VATERS vertreten haben bis zum Schluss. Und das war der Untergang, von dem ihr wisst. Die Wesen dort hatten keine Chancen zu entkommen.

☆☆☆

Damals hatte meine große Liebe auch ihr Wirken auf Atlantis. Sie hat der Wissenschaft gedient, und dieses mit großer Hingabe, und große Erfolge damit erzielt. Das wiederum war den anderen nicht Recht. Es gab Neid, Missgunst und vieles mehr. Auch ihre beste Freundin hat die Seite zwischendurch einmal gewechselt und somit auch dazu beigetragen. Nun, es eskalierte alles, wie ihr wisst, und der Untergang von Atlantis war besiegelt, meine Lieben. Das war keine gute Zeit, denn das hat niemand voraussehen können und wollen.

Nur meine übergroße, so innig Geliebte hat die absolute Sicht des VATERS gehabt, und diese Sicht war eine Göttliche Gnade. Es gab viele Wesen, die die Sicht hatten, aber nicht in der Reinheit meiner großen Liebe, denn damals hat sie alles vorausgesehen, was geschehen würde. Sie hat immer wieder gesagt, was auf die Menschen zukommen würde, aber sie wurde nur ausgelacht. Die Verzweiflung meiner Liebe war übergroß, und sie konnte es nicht mehr mit ansehen, was sie für die Zukunft gesehen hat. Und so begann sie, ihr Wissen zu verteilen und ihren Brüdern und Schwestern zu geben, damit diese es im Verborgenen aufbewahren sollten, denn in ihrer Sicht hatte sie ihr Ende gesehen – das entsetzliche Ende ihres Seins.

Nun, sie hat damals auch alle ihre anderen Leben voraussehen können und angefangen, ein Buch zu schreiben, damit das Wissen von damals ihr in diesem Leben, im Jetzt, wieder zugute kommen würde. Allerdings hat sie den Wissenschaftlern in weiser Voraussicht ihr Wissen nur in Teilen gegeben, sodass niemand mit dem Wissen etwas anzufangen wusste, weil niemandem bekannt war, wer das nächste Stück hat, das zu diesem Wissen gehörte. Es war ein Puzzle, das zusammengetragen werden durfte. Und so ist dieses Wissen nicht dem Untergang geweiht gewesen.

Nun, ihr denkt vielleicht, wie kann Wissen verloren gehen, wenn die Energie zirkuliert und die Seele diese immer wieder mitnimmt, wenn sie inkarniert? Nun, da habt ihr Recht, aber das war so:

Es hat einige Wissenschaftler gegeben, die waren wahnsinnige Genies, im wahrsten Sinne des Wortes wahnsinnig. Und das hat sie gewusst, denn sie hat mit ihrer Sicht alles gesehen, was geschehen wird. Und es geschah, denn die Wissenschaftler hatten mit Kristallenergie das Wissen meiner Geliebten ausgelöscht, in der Hoffnung, sich dieses selbst aufzuladen. Das ist nicht geglückt

– der VATER hat es verhindert. Und so konnte das Wissen erhalten bleiben.

Nun aber müsst ihr euch das so vorstellen: Diese Seele, meine große Liebe, hat damals ihr ganzes Sein fast verloren. Dass damals auch ihre beste Freundin dabei war, hat sie zutiefst getroffen. Doch sie hat nie aufgegeben, sie wieder zurück auf die Spur des VATERS zu bringen, bis in ihr heutiges Leben hinein. Das nennt man Treue, meine Lieben, und wahre Liebe, die Liebe des Herzens der Göttlichen Familie.

Als Atlantis untergegangen war, hat der VATER lange, lange Zeit mit sich gehadert und wollte meine so innig geliebte große Liebe nicht mehr auf die Erde lassen. Aber durch ihr inständiges Bitten hat er immer wieder ihr Kommen, das sich bis in das heutige Leben zieht, zugelassen.

☆☆☆

Und so haben wir uns wieder begegnen dürfen zu meiner Zeit als Jesus.

Sehet, ich war nur zweimal auf Erden inkarniert. Einmal in Atlantis, und dann zu Jesu Zeiten. Und damals konnte ich diese Liebe nicht leben, auch die körperliche Liebe nicht, denn mein Wirken auf Erden war dem VATER geweiht, und dieses mit allen Fasern meines Herzens. Auch durfte ich kein Risiko eingehen, dass meine Familie, die ich dann gehabt hätte, in irgendeiner Art und Weise etwas geschehen könnte. Das durfte nicht sein, auf gar keinen

Fall, meine Lieben. Nun, so hat sich alles auf einen anderen Zeitpunkt verlagert – aber dazu später mehr.

Die Zeit damals hat sich dem Ende zugeneigt und der Untergang von Atlantis ist geschehen.

Sehet, damals, als in Atlantis alles zusammenbrach, hat eine Stimme, die ihr nicht habt hören wollen, euch warnen wollen, und diese Stimme ist immer lauter und lauter geworden. Diese Stimme hat euch immer und immer wieder angehalten, die Umkehr anzutreten und euch zu besinnen auf eure Arbeit und auf eure Liebe zum VATER. Sehet, diese Stimme war voller Verzweiflung, weil niemand sie hat hören, weil niemand diesem Ruf hat folgen wollen. Nur Gelächter und Spott waren das Ergebnis dieser Bemühungen, meine Lieben. Damals hat diese Stimme euch immer wieder gerufen: Kehret um, geht den Weg zum VATER!

☆☆☆

Ich möchte euch sagen, diese Stimme gehörte meiner großen Liebe. Sie hat mit ihrer Sicht alles gesehen, was auf die Wesen zukommen würde, und wollte es abwenden. Aber die Zeit war vertan, das Treiben wurde immer schlimmer und so kam der Untergang. Die dunklen Mächte hatten zu viel Macht bekommen. Die dunklen Mächte, die diese Wesen kreiert hatten, waren nicht mehr wegzudenken. Und alles geschah, wie es hat geschehen dürfen und müssen, meine Lieben. Und sehet, es sind so viele Wesen jetzt auf Erden, die damals gelebt haben. Und diese Wesen haben eine innere Sehnsucht nach diesem ihrem Atlantis. Denn wer einmal auf Atlantis war, wird es nie vergessen können. Es ist ein traumhaft schöner Kontinent gewesen.

Das Wissen darüber lässt euch immer weiter suchen nach dieser Freiheit, die ihr damals hattet, und diesem Wissen, das euch zu eigen war, und es ist ein großer Verlust für euch gewesen. Auf dieses Wissen steuert ihr wieder hin, aber bedenket, die Atlanter waren euch in ihrer Zeit weit voraus, denn sie hatten in der Wissenschaft alles, was ihr euch heute wieder mühselig zusammensuchen dürft, längst schon erreicht.

Ich sage euch, seid auf der Hut, ihr seid nahe daran, alles genau so wieder zu erleben wie damals, denn die Stimme, die euch schon damals zur Rückkehr drängte, ist wieder unter euch, um euch wieder zu rufen und zur Rückkehr zu mahnen. Die Stimme gehört wieder meinem so innig geliebten Du, das es nicht über das Herz bringt, euch erneut in etwas hineinlaufen zu lassen, das wie damals zu enden droht.

Denn auch Mutter Erde ist bereit, sich zur Wehr zu setzen, um euch endlich aufzurütteln und euch zu schütteln, dass ihr wach werden möget, meine Lieben. Und ich bitte euch von ganzem Herzen: Werdet wach! Für schlafen ist nun keine Zeit mehr!

Sehet, ihr habt so viele Zeichen bekommen, die ihr nicht hören wollt. Die Erde bebt überall, die Vulkane lassen ihre Lava laufen, und so viele Menschen sind bereits in den Tod gegangen, weil sie es einfach nicht wahrhaben wollen, was ihnen die Erde zeigen will. Auch die Menschen, die sich gegenseitig töten und andere mit in den Tod reißen, auch sie sind Hilferufe. Und das wird noch lange nicht das Ende sein.

Aber wenn ihr anfangt, wieder die Liebe zu leben, wird vieles leichter werden und sich so manches noch abwenden lassen. Ja, ihr habt gehört, abwenden. Denn es ist ein Aufschrei von Mutter Erde an alle Menschen, mit ihr doch achtsamer zu sein und auch mit den Tieren liebevoller umzugehen. Denn die Tiere sind sehr hoch entwickelte Seelen, die die Aufgabe haben, euch zu begleiten und euch helfend zur Seite zu stehen und euch zu unterstützen, wenn ihr traurig seid. Und die hohen Seelen dieser Tiere haben sich in Liebe bereit erklärt, dieses für euch zu tun.

Seht nur einmal die Delfine, diese hoch entwickelten Seelen. Sie sind immer für euch da gewesen, und schon so oft haben sie euch Menschen geholfen, wenn ihr in Seenot wart oder fast am Ertrinken. Sie haben euch ihre Hilfe immer gegeben, und jetzt müssen viele dieser Tiere ihr Leben lassen, weil ihr so unvernünftig seid und eure Handys sogar in das Meer mitnehmt, um auch dort noch für eure Lieben erreichbar zu sein. Nun aber bedenkt, dass ihr Frequenzen freisetzt, die diese schönen edlen Tiere fehlleiten, orientierungsunfähig machen, sodass sie am Ufer stranden und auch mit großer Hilfe von euch Menschen nicht mehr ins Meer zurückfinden.

Ich könnte euch noch so vieles erzählen, von sehr, sehr traurigen Tierschicksalen, wie diese liebevollen Geschöpfe für euch aushalten und durchmachen, um euch zu lehren, dass das, was ihr tut, nicht richtig ist. Sie opfern ihr Leben, um euch wachzurütteln.

Ja, meine Lieben, ich bin sehr traurig darüber. Aber ich sehe auch, dass nicht alle Menschen so denken, denn die Tiere bekommen auch Zuwendung durch Menschen, die etwas an die Öffentlichkeit tragen, das so manche Seelen bewegt, ihre Haltung zu überdenken.

Das gilt auch für Tierexperimente, die ihr, wie ihr sagt, „braucht", um Medizin herzustellen oder Menschen zu heilen.

☆☆☆

Nun, gehen wir wieder nach Atlantis zurück und zu den Machtspielen von damals. Wie ihr sicher wisst, bleibt nichts, aber auch gar nichts, ohne Wirkung, sei es im Bösen wie im Guten. Wenn ein Mensch zum Beispiel einen anderen tötet oder den Befehl gibt, ihn zu töten, so wird die Seele, die getötet worden ist, einen Ausgleich fordern und die Seele, die dieses verursacht hat, spätestens in einem anderen Leben die Wirkung spüren. Es ist also wieder das Prinzip von Ursache und Wirkung, denn alles, was ihr aussendet, kommt auf euch zurück. Und darum bitte ich euch, euer Tun und Handeln zu überdenken, meine Lieben. Denn ein Gedanke, der im Reinen gedacht wird, wird niemals Hass und Neid hervorbringen. Aber ein Gedanke, der in Hass, Neid, Missgunst entstanden ist, reist um die ganze Erde und erzeugt eine Energie, die sich sehr eigenwillig ihren Weg zu suchen beginnt. Sie kreist um die Erde, und wenn sich diese Energien sammeln und sich treffen, sei es in Afrika, Polen, Amerika, oder wo auch immer, werden sie sich zusammentun, um die Menschen zu suchen, die in der gleichen Schwingung sind wie sie. Und wenn diese „Hochzeit“ der Energien stattgefunden hat, entsteht eine immens große Macht an Energie, die ausarten kann zu Krieg, Terror oder Hass. Ihr kennt das alles schon zur Genüge.

Aber es gibt immer mehr Menschen, die das nicht mehr wollen und diesem Geschehen ein Ende setzen möchten, ihm Einhalt gebieten.

Das ist möglich, aber diese negativen Energien sind erst bereit aufzugeben, wenn genug Menschen da sind, die dieser Energie Einhalt gebieten. Und das, meine Lieben, ist eure Aufgabe, nicht mit diesen Energien mitzugehen, euch nicht auf diese Schwingung zu begeben, sondern sie umzuwandeln in Licht – in Energien, die liebevoll sind und die Liebe und die Harmonie wieder herstellen, denn wenn alle diese negativen Energien umgewandelt sind in lichtvolle Energien der Liebe, werdet ihr keine Kriege mehr brauchen und in Frieden und Harmonie leben und lieben können.

Und das, so verspreche ich euch, wird die Zukunft sein, auf die wir hinsteuern. Aber erst wird das andere durchlebt werden dürfen, und es gibt noch so vieles zu bereinigen. Wenn jedes Wesen an sich arbeiten würde, dann wäre der Grundstein schon gelegt. In euren Familien könnt ihr beginnen, da könnte es euch gelingen, und wo ist man sich näher als in der eigenen Familie?

Meine Lieben, versteht ihr, was ich versuche euch zu sagen? Es ist an euch, euch zu erinnern, dass es dort, wo ihr alle herkommt, nur Liebe gibt, Verständnis und Harmonie für alle, gleich welcher Hautfarbe ihr angehört. Der VATER hat euch alle lieb, und er erwartet euch in großer Liebe zu Hause in seinem Hause, und es wird ein riesengroßes Fest geben, wenn ihr einmal zurück, das heißt, wieder zu Hause angelangt seid. Und bevor nicht die letzte Seele beim Vater ist, wird er euch suchen und euch den Weg leuchten durch alle eure Dunkelheiten, die ihr glaubt durchgehen zu müssen, meine Lieben.

Ich möchte euch noch weiter erzählen, denn da gibt es etwas, was eine wunderbare Seele sich ausgedacht hat. Eine Seele, die die Impulse des VATERS aufgenommen hat und die euch weiterbringen darf. Nun, meine große Liebe hat dieses Wissen an ihre atlantische Freundin weitergegeben. Ja, die beiden haben sich wiedergefunden und gespürt, dass sie sich kennen, denn die Bande von damals waren sehr groß und eng. Mein so innig geliebtes Du hat ihre Freundin darauf aufmerksam gemacht, dass sie zu Karmaauflösungen hier auf Erden ist und sich damit auseinandersetzen darf.

Das ist geschehen, denn die beiden haben viele Stunden diskutiert über diese Art von Arbeit. Seht, die Menschen, die zur Auflösung kommen, sind sehr schnell beschwerdefrei geworden. Und somit haben die beiden angefangen, Krankheiten zu lösen und zu erlösen. Das gelöste

Karma konnte aus dem Körpersystem entlassen und musste nicht mehr durchlebt werden. Wenn diese Menschen bereit sind, an sich zu arbeiten, wird die Energie der Krankheit auch nicht zurückkommen müssen, nicht einmal, um die Seelen daran zu erinnern, dass sie als Krankheit noch da ist. Nein, die Krankheit kann in Liebe gehen. Seht, mein Lieben, so einfach ist das.

Eine Krankheit, die zum Tode führen kann, ist nicht immer jetzt, in diesem Leben, entstanden. Nein, es kann sein, dass sie ihre Ursache in einigen Leben zuvor hat. Nun, wenn ihr wisst, dass keine Energie verloren gehen kann, dann wisst ihr auch, dass das System der Seele alles bis zum richtigen Zeitpunkt aufbewahren kann, um es erst dann wieder zu aktivieren, und es kann sein, dass die Leben, die dazwischen liegen, diese Art von Energie nicht freigesetzt haben, weil dieses Lebensthema nicht gelebt worden ist.

Nun, hier ein Beispiel: Eine Krankheit wie Krebs kann entstehen, sagen wir einmal, durch Unverständnis, Unterdrückung der Mutter oder des Ehemannes, und es kann sein, dass sie in diesem Leben noch nicht ausbricht, sondern erst im nächsten oder übernächsten.

Ihr werdet fragen, warum das so ist. Nun, da dürfen auch die Schwingungen stimmen oder die Situation, die ähnlich ist wie die Entstehung in einem früheren Leben. Es ist möglich, dass Inkarnationen, die dazwischen liegen, über alle Maßen harmonisch waren. Und da wird nichts geschehen, meine Lieben. Die Krankheit schlummert in den Zellen des Wesens, das sie in sich trägt, aber wenn die Schwingungen stimmen und sich eine ähnliche Situation ergibt, wird sich das System erinnern; die Krankheit hat Nahrung bekommen und kann ausbrechen.

Oder wenn es dem Wesen gelingt, sein Leben in die richtigen Bahnen zu bringen, genau mit diesem Thema, wird die Krankheit nicht ausbrechen müssen; die Wandlung kann stattfinden und die Krankheit in Liebe entlassen werden.

☆☆☆

Die Atlanter haben damals angefangen, sich die Kristalle zu eigen zu machen, indem sie den Schlüssel fanden, wie die Wesenheiten in den Kristallen zu manipulieren sind. Nun seht, damals haben die Atlanter diese Wesenheiten der Kristalle mit Symbolen in die Irre geleitet und unbrauchbar gemacht. Das war für sie ein Leichtes, denn solche Manipulationen waren an der Tagesordnung. Diese Kristallwesen waren in ihrer Art ganz reine Wesenheiten und unberührt. Und sie haben lange, lange Zeit nicht bemerkt, was mit ihnen und wie ihnen geschah. Viele von ihnen, die sich gegen diese Mächte gewehrt haben, um dem VATER treu zu bleiben, sind vernichtet oder aus dem Verkehr gezogen worden, sodass sie ihre Aufgabe nicht mehr erfüllen konnten.

Seht, Atlantis und die Kristalle waren eins, meine Lieben, denn mit Kristallen haben die Atlanter Energie erzeugt für so vieles. Sie haben Operationen gemacht und sogar neue Kristalle geschaffen, die ähnliche Funktionen hatten wie eure Computer heute, nur war das ganze System präziser und unwahrscheinlich hoch entwickelt. Die Atlanter haben sich solcher Energien bedient und sogar ganze Landschaften verändert. Und so haben sie immer mehr Macht bekommen und angefangen, dem VATER untreu zu werden, sogar *gegen* IHN zu arbeiten, weil sie dachten, aufgrund ihrer Macht mit dem VATER auf einer Stufe zu stehen.

☆☆☆

Ja, auch ich habe damals ein Leben gehabt auf Atlantis und war auch in der Wissenschaft tätig, und habe alles mitverfolgen können, beinahe vom Anfang bis fast zum Ende. Denn die Atlanter hatten lange Leben; sie konnten es selbst beenden, wenn sie wollten. Aber nicht durch Selbsttötung, nein, sie durften den VATER bitten, dass er ihnen das Leben beenden möge, und der VATER hat es getan, und so konnten sie zweihundert bis dreihundert Jahre oder älter werden. Diesem hat der VATER nun, als sich das Ende von Atlantis näherte, nicht mehr stattgegeben, denn die Verdichtung der Materie hat dieses unmöglich gemacht. Seht, die atlantischen Wesen haben noch in der neunten Dimension leben dürfen, und wenn ihr bedenkt, dass die Erde in der vierten lebt, ist dieses ein enormer Rückschritt für die Menschen gewesen.

Also, diese Kristallwesen haben viele unschöne Zeiten

mitgemacht und beim VATER um Entlassung gebeten. Sie haben ihre Arbeit nicht mehr mit diesen Wesen tun wollen, denn sie haben selbst sehen können, wohin dieses führen würde. Denn – und das war der Grundstein für alles spätere Übel – die Atlanter hatten angefangen, selbst Kristalle zu ziehen, diese also zu züchten. Diese waren hoch energetisch, bargen aber sehr unreine Wesenheiten, die unreine Energien freisetzten, was schließlich auch zum unguten Ende beigetragen hat.

Nun, meine Lieben, diese Kristallwesen sind auch heute noch in einigen Steinen enthalten. Sie haben keine gute Wirkung auf euch: Ihr fühlt euch unwohl oder bekommt sogar Schmerzen. Ja, sie können euch alles durcheinander bringen, was sehr unangenehm sein kann. Aber bedenkt wieder das Karma: Seht, diese Kristalle haben die Schwingungen von damals wiedergefunden, denn die Schöpfer dieser Steine waren mit den Kristallwesenheiten nicht im Guten verbunden. Das ist heute anders, denn die Wesen haben ein sehr, sehr gutes System des Denkens entwickeln dürfen; sie erinnern sich an diese Kristallwesenheiten, die sie einst erzeugt und ungut behandelt haben. Und somit hat der Kreis sich wieder geschlossen. Die Steine sind bei den Wesen, die sie schon einmal hatten. So einfach sind Ursache und Wirkung.

Dieses darf von beiden Seiten karmisch gelöst werden, und die Ruhe wird wieder einkehren.

Auch werdet ihr wieder viel mit Kristallen arbeiten dürfen. Sie warten auf euer Kommen. Ihr glaubt gar nicht, was euch erwartet und in den Bergen schlummert, was für eine großartige Macht, die mit euch kommuniziert auf eine Art und Weise, wie ihr sie schon lange, lange nicht mehr erlebt habt. Ja, in Atlantis war das so: da haben die Kristallwesen auch ihre Arbeit gehabt und waren Teil des Ganzen. Und dann sind sie lange Zeit in Vergessenheit geraten bis in die Zeit von heute, wo sie einen Auftrag erhalten haben, in der Neuen Zeit wieder gemeinsam mit euch zu wirken und eine neue Art von Energie auf Erden wirken zu lassen. Ihr braucht euch dann nicht mehr mit Atomenergie abzugeben, die, wenn sie nicht richtig gehandhabt wird, in einem großen Ausmaß Schaden anrichtet. Ihr habt nicht richtig verstanden, wie damit umzugehen ist, denn ihr habt sie im Guten erfunden, aber sie ist in falsche Hände geraten; – wie so vieles von dem Wissen, das wir euch gegeben haben. Nun aber werdet ihr eine neue Möglichkeit haben, euer Wissen in der richtigen Richtung einzusetzen.

Genau so geht es mit den Tieren, die die Wesen von Atlantis kreiert haben. Das waren Wesenheiten, halb Mensch, halb Tier, die vor sich hinvegetierten, da sie zu Forschungszwecken missbraucht worden waren. Sie durften sich nicht weiterentwickeln; das hat man nicht zugelassen. Und somit wurde wieder gegen die Anweisungen des VATERS gehandelt, dass nämlich jedes Wesen sich weiterentwickeln darf und muss, um irgendwann einmal in die Einheit zurückzukehren.

Sehet, das alles schafft Karma, meine Lieben, und auch das kommt in der heutigen Zeit wieder hoch, um endlich erlöst zu werden.

Und darum seid ihr mit so vielen unschönen Krankheiten konfrontiert, denn die Ursache dafür, meine Lieben, ist in Atlantis zu finden. Bereinigt dieses, und es kann weitergehen, denn das ist die Blockade, die ihr nicht sehen wollt, oder die viele nicht sehen wollen, weil sie lachend über das hinweggehen, um ja nichts an sich verändern, um nicht an sich arbeiten zu müssen.

Ihr werdet sagen, der freie Willen sei des Menschen Recht. Ja, das ist so, aber bedenkt, wie viel Zeit ihr verliert, wenn ihr sie doch anders nutzen könntet. Denn ihr hättet so vieles, das ihr durchleben könntet, was so schön ist, wenn ihr es nur endlich sehen wolltet!

Nun, es ist für uns sehr, sehr schwer auszuhalten, euch von der Einheit aus zuzusehen, wie ihr leidet und unsere Hilfe nicht haben wollt. Seht, so viele Engel sind für euch bereit, die warten, euch helfend beizustehen. Aber die Menschen haben vergessen zu bitten; um Hilfe zu bitten. Mehr noch: Sie haben angefangen zu lästern über den VATER, der so viel Böses tut und zulässt, aber sie haben nicht erkannt, dass nicht der VATER euch Böses tun will. Nein, der VATER ist die Liebe selbst. Sie wollen nicht sehen, dass sie es selbst sind, die solche Geschehen erzeugen. Nun, ich glaube, ihr fangt an zu begreifen.

Seht, jeder negativ gedachte Gedanken hat seine Wirkung. Auch wenn vielleicht nicht in diesem Leben, er wird eure Seele begleiten, wenn die Zeit da ist; auch in einem anderen Leben. Und wenn sich dann die Wirkung zeigt, weiß man oft nicht, dass seine Energie nun den Weg gefunden hat zu dem, der ihn einst in die Welt und damit die Ursache gesetzt hat.

Alles, aber auch wirklich alles, wird den Erzeuger dessen, der es gedacht oder getan hat, wiederfinden, da seid euch sicher, meine Lieben. Es wird so sein, bis ihr alles wieder bereinigt habt, bis alle Stolpersteine auf dem Weg nach Hause aus dem Weg geräumt sind. Das ist auch richtig so, denn seht, es gibt Leben, die ihr gehabt habt, in denen diese Stolpersteine nicht haben beseitigt werden können, und ihr seid daran zerbrochen. Dafür habt ihr andere, vielleicht leichtere, erlösen und einen weiteren Schritt nach Hause machen können und dürfen. Aber es ist nun an der Zeit, auch die anderen, schwereren Steine aus dem Weg zu schaffen, damit dieser frei wird für die Rückkehr zum VATER. Vielleicht habt ihr das Glück, dieses im nächsten Leben tun zu dürfen, und wenn es euch gelingt, dann habt ihr einen weiteren Schritt nach Hause tun dürfen.

Es gibt aber noch eine andere Möglichkeit, Karma zu erlösen, – durch Wesen im Hier und Jetzt, die diese Arbeit leisten können und die vom VATER einen ganz besonderen Auftrag dafür erhalten haben – Karma auf eine besondere Art und Weise zu lösen und zu erlösen. Denn sehet, so viel Zeit bleibt euch nicht mehr, um dieses zu tun. Darum sucht diese Menschen, die diese Gabe vom VATER bekommen haben.

Auch bei sehr kleinen Kindern ist das sehr wichtig, denn die Kinder von heute haben einen großartigen Auftrag zu erfüllen und werden die Erde im Sinne des VATERS bevölkern, meine Lieben.

MEIN LEBEN ALS JESUS

Seht, als die Geschichte begann zu meiner Zeit, sind die Menschen alle unfrei gewesen und haben sehr, sehr unter Macht und Folterungen gelitten. Und Unterdrückung war an der Tagesordnung.

Der VATER hatte mich auf die Erde gesandt, um den Menschen in Seinem Namen Sein Licht zu bringen, meine Lieben. Sein Licht in die Welt erstrahlen zu lassen, das war mein Auftrag. Und das habe ich von ganzem Herzen und aus voller Liebe getan, für alle, aber auch wirklich für alle! Denn für so viele Wesen, die an die Liebe des VATERS geglaubt hatten, war ich die Hoffnung auf ein besseres Leben in Frieden und Harmonie.

Aber für viele andere war das nicht so, denn sie waren in der Macht des Unguten und orientierungslos geworden. Ihr könnt euch das so vorstellen: Die Macht der Unterdrückung hat die Oberhand, und jetzt kommt etwas dazwischen, mit einer anderen Botschaft, das heißt (die Liebe), etwas, was die Wesen schon so lange nicht mehr kannten: Liebe, die ihnen vom VATER geschickt worden ist, um endlich die Umkehr anzutreten und einen Weg aus Hass und Unterdrückung zu finden. Das hat alle unsicher gemacht, und die Neuorientierung hat begonnen. Aber auch die, die den VATER schon so lange um einen Erlöser angefleht hatten, haben es einen kurzen Moment nicht fassen können, dass der VATER endlich ihre Bitten erhört hat, um ihnen zu helfen.

Die Bedingung des VATERS war, dass dieser Weg gegangen werden musste, meine Lieben. Und das war sehr, sehr schwierig, weil das andere ja immer noch so viel Macht hatte und es für so viele sehr, sehr schwer war, umzudenken.

☆☆☆

Ich hatte auch schöne Zeiten, in denen ich lehren und den Menschen vom VATER berichten durfte, um ihnen Seinen Weg zu zeigen, damit sie verstehen konnten, was Er meinte und wie Er bereit war, ihnen Seine Liebe zu geben, um sie in eine wunderschöne Zeit des Friedens und der Harmonie zu führen und zu begleiten.

Ich ging eine kurze Zeit alleine, bis sich die Jünger, einer nach dem anderen, einfanden und sich eine kleine Gruppe von Männern mir anschloss, die ich zu lehren hatte, was und wie der VATER Sein Wirken hat und was Er von ihnen wollte: Wenn ich einmal nicht mehr unter ihnen weilen würde, den Menschen das weiterzugeben, was ich sie, ganz im Sinne des VATERS, gelehrt hatte.

Das ging eine lange Zeit gut, obwohl wir immer wieder zu kämpfen hatten gegen Verrat und Beschimpfungen. Aber mit Gesprächen und Gleichnissen versuchte ich, den Menschen zu helfen, ihr Verhalten zu überdenken.

Mein Leben hat dann eine ganz spezielle Wende bekommen, als wir in ein Dorf gelangten, wo eine aufgeregte Menschenmenge im Kreis herumstand und etwas beschimpfte, das ich noch nicht sehen konnte. Ich schimpfte, das ich noch nicht sehen konnte. Ich ging hin, um zu sehen, was man so auf das Übelste zu beschimpfen wagte. Es war eine wunderschöne junge Frau, die die Menge so aufgebracht hatte, dass sie anfangen wollten, Steine auf sie zu werfen. Die Geschichte kennt ihr, meine Lieben. Denn es war keiner ohne Sünde, den ersten Stein zu werfen. Also ließen sie ab von dieser jungen Frau. Aber wir haben uns in die Augen gesehen, und wir haben uns erkannt. Es war meine große Liebe von Atlantis, dieses reine Wesen, das meine so übergroße Liebe gehabt hatte. Nun seht, sie ist mit uns mitgezogen.

Eine Zeit des Träumens hatte begonnen, und in so mancher Stunde des All-Ein-Seins kamen mir so viele Gedanken, was ich zu verändern gedachte in meinem damaligen Hier und Jetzt. Aber die Engel, die mir beigestanden haben in so manch schwerer Stunde, halfen mir, auf dem Weg des VATERS zu bleiben und meine Liebe zurückzuhalten, denn es durfte damals nicht sein, dass ich mich ihr näherte in meiner übergroßen Liebe, die ich für diese junge Frau empfand. Nun, das war eine harte Zeit! Und es war auch so, dass wir keine Familie hätten gründen können und dürfen, denn die Zeit wäre für sie sehr gefährlich, und sie wären sich ihres Lebens nicht sicher gewesen. Denn allein schon ein Jünger von mir zu sein, war ein Grund, diesen zu bestrafen oder sogar zu töten. Das wäre mit einer Familie erst recht so gewesen, meine Lieben.

Ich habe die Sicht gehabt und konnte sehen, dass meine große Liebe nicht auf Erden gelebt werden konnte und wir erst im Reiche meines VATERS diese so richtig leben und auch lieben würden können und dürfen. Denn der VATER hat auch mich belohnt mit dieser jungen Frau, deren Dasein schon in Atlantis zu vielen Manipulationen geführt hatte. Aber ihr wieder begegnen zu dürfen und das Wissen, dass wir für die Ewigkeit bestimmt sind, das war für mich so tröstend, denn ich wusste, einmal würde die Zeit kommen, wo ich meine Liebe für immer und ewig und weit darüber hinaus in meinen Armen halten darf und werde. Dann werden sich meine Arme nicht mehr öffnen, und sie wird nicht mehr ohne mich auf der Erde sein.

Nun sage ich euch, meine Lieben, dieses Wissen war von uns beiden erkannt worden und hat uns tief berührt. Und niemand, auch der Tod, konnte es uns nehmen.

Nun, meine Lieben, als mich die Menschen dann an das Kreuz geschlagen hatten und mein Weg nach Hause angefangen hatte, Wirklichkeit zu werden, war mein Herz gebrochen. Nein, nicht wegen der Schmerzen und des Gespötts der Menschen. Es war das Herz der Liebe für dieses eine Wesen, das ich habe zurücklassen müssen und dürfen. Denn sehet, sie hatte noch einen Auftrag des VATERS zu erfüllen.

Der Auftrag des VATERS ist zu erfüllen, meine Lieben, und so ist dieses Wesen, mein so innig geliebtes liebes Du, noch so oft auf Erden gewandelt, hat vom VATER erzählt und die Menschen immer wieder in eine Richtung gewiesen, in SEINE Richtung. Ja, das hat sie mit so viel Liebe getan und mit so viel Demut und Treue zu mir.

In den Leben, die sie auf Erden hatte, hat sie auch Kinder gehabt, irdische Kinder. Das hatte aber auch einen ganz bestimmten Grund. Und der war, immer wieder kleine Lichtpunkte zu setzen, um irgendwann einmal viele davon zu haben. Denn die Kinder der Kinder waren auch wieder kleine Lichtpunkte, und so, meine Lieben, sind die Lichtarbeiter entstanden.

Außerdem hat meine große Liebe, wenn sie für kurze Zeit nach Hause gekommen ist, in der geistigen Welt auch solche Wesen ausgebildet, die dann wieder irgendwo inkarnierten, um die Lichtarbeit aufzunehmen, die, dem VATER dienend, die Menschenwesen langsam wieder auf den Weg nach Hause vorbereiten sollten, damit der VATER in irgendeiner Zeit alle Wesen wieder bei sich zu Hause haben kann.

Wenn meine über alles geliebte, großartige Liebe zu Hause in der Einheit war, konnten wir für eine kurze, sehr kurze Zeit die Liebe leben und genießen. Ja, auch das hat der VATER uns erlaubt, uns eine kurze Zeit zu lieben. Und aus dieser übergroßen Liebe, die wir für uns hatten und bis heute immer noch haben, sind viele Kinder zu uns gekommen, die alle auch wieder in der geistigen Welt ihre Aufgaben haben, dem VATER zu dienen, um Wesen und Seelen, die auf die Erde inkarnieren dürfen, vorzubereiten auf eine friedvolle und harmonische Zeit in großer Liebe, – die Zeit, der ihr alle entgegengehen dürft.

☆☆☆☆☆

ÜBER DIE LIEBE

Nun, wir werden uns heute der Liebe widmen, der Liebe, die so oft falsch verstanden wird.

Fangen wir einmal an mit der Liebe, die jedes menschliche Wesen zu entwickeln hätte und die zu leben und zu lieben wäre. Sehet, meine Lieben, es ist so: Stellt euch zwei Wesen aus einer Familie vor, etwa Schwestern, die sich innig lieben, alles füreinander tun und gemeinsam vieles bewirken, weil die Energie der Liebe fließen kann. Das geht lange gut, bis vielleicht eine Disharmonie hineinkommt und sich etwas breit macht, weil der eine den anderen nicht mehr verstehen kann oder auch will.

Dieses Phänomen ist ganz einfach zu erklären, denn es gibt Mächte des Dunklen, die solch eine Liebe nicht sehen können und alles daransetzen, diese Liebe zu zerstören. Aber wenn diese beiden Wesen sich einig und die reine Liebe zu leben bereit sind, wird das Dunkle keine Chance haben, diese Liebe zu zerstören. Haltet euch immer vor Augen, reine Liebe, wie die Liebe des VATERS, ist nicht zu zerstören! Sie wird leben und sich verbreiten dürfen.

Seht, Liebe ist etwas, das aus dem Herzen heraus wächst, und diese Liebe trägt alle Bereitschaft in sich, den anderen in Liebe anzunehmen, wie auch immer er ist und was auch immer er tut. Die Akzeptanz der Seelen gegenseitig, die sich immer wieder versuchen zu verstehen und zu respektieren, auch wenn sie sehr unterschiedlich sind –

das ist reine Liebe. Da gibt es nichts zu werten und nichts, das man einstufen möge, das ist so oder so. Nein, da heißt es, zu lieben gerade deswegen, meine Lieben. Das heißt es, die Liebe des VATERS weiterzugeben, – gerade deswegen.

Nun bitte ich euch, genau zuzuhören, wie diese Liebe auf Erden gelebt und geliebt werden darf. Seht, da treffen sich zwei Menschen und beginnen sich zu lieben. Das Verlangen, sich auch körperlich zu vereinen, wird immer größer werden und vielleicht der Wunsch entstehen, Kinder in Liebe willkommen zu heißen. Das wäre der Sinn der Liebe, aber das ist nicht alles, meine Lieben, nein.

Liebe heißt, immer wieder an ihr zu arbeiten und sie sich immer wieder aufs neue zu erarbeiten und sich an ihr zu erfreuen, damit alles, was ihr in Liebe tut, auch Kreise zu ziehen beginnt. Daran denken viele nicht, denn seht, ihr lebt in vielen Häusern eine Liebe, die einseitig ist und bei der es heißt: Ich will. Oder: Du gehörst mir und ich kann dich nehmen, wann und wie oft *ich* es will, und auf die Art und Weise, wie *ich* es will.

Das ist nicht im Sinne des VATERS, meine Lieben. Nein, das ist falsch verstandene Liebe. Und auch das Denken, dass der andere immer die Liebe aufrechterhalten sollte und man selbst nichts dazu beitragen will, oder überhaupt nicht daran denkt, dass es nötig sein könnte, sich Gedanken zu machen, – das ist nicht Liebe, wie der VATER sie meint.

Was gibt es also Schöneres, als sich mit der Liebe zu befassen und sie zu leben. Denn seht, meine Lieben, dieses Wort kann und wird auf so viele Arten gelebt, geliebt, verstanden oder nicht verstanden. Und mit dem „Nichtverstanden“ möchte ich nun fortfahren.

Solange sich zwei Menschen in Liebe begegnen, ist alles in Ordnung. Wenn aber Gefühle dazwischen kommen wie Hass, Neid, Eifersucht, dann wird es sehr schwierig, die Liebe in ihrer Natur zu leben und weiterzugeben. Denn dann, meine Lieben, stellt sich heraus, was der eine oder andere aus der Liebe macht oder wie er sie verstanden hat, zu geben oder zu leben.

Da sind also zwei Menschen, die sich sehr, sehr lieb haben. Dieses geht eine ganz lange Zeit gut, aber plötzlich kommt eine Situation, die beide nicht mehr unter Kontrolle haben. Und dann kommt es darauf an, was und wie mit dieser Situation umgegangen wird. Da sind viele Missverständnisse und auf der einen Seite das Gefühl des Alleingelassenwerdens oder des Nichtmehrgenügens. Nun, dieses ist alles nicht richtig, denn seht, für den einen steht eine andere Entwicklung an als für den anderen, und das kann von heute auf morgen der Fall sein. Das heißt, wenn der VATER euch ruft, ist es Zeit, den Weg zu gehen und das bedeutet nicht erst morgen, nein, sondern jetzt, sofort. Da beginnt der eine sich zurückzuziehen und dem VATER zu folgen, oder er fängt an, hellsichtig oder hellhörig zu werden. Das sind alles Gaben des VATERS, aber auch Verdienste, die ihr euch in vielen Leben, die ihr gehabt habt, erworben habt. Die eine Seite ist sehr glücklich und geht in diesen neuen Aufgaben des VATERS auf; die andere ist erfüllt von Trauer und beginnt, an sich zu zweifeln und denkt: *Ja, bin ich denn nicht gut genug?* Oder: *Bin ich nicht würdig, dass ich diese Gabe nicht auch bekommen kann.* Oder: *Wieso gerade die oder der? Hat der VATER dieses Wesen lieber als mich?* Oder: *Ich bin sowieso nichts wert! Wozu bin ich denn eigentlich hier?*

Nun, jeder hat einen anderen Weg zu gehen; der eine etwas schneller, der andere darf erst darauf vorbereitet werden. Der eine hat diese Gaben des VATERS bekommen und beginnt, die Lernzeit zu durchgehen. Es ist eine harte Schulung, die auch einen gewissen Verzicht mit sich bringt. Dieses Wesen ist bereit, dem VATER zu dienen und geht diese Schulung sehr geradlinig weiter. Aber es kommt immer mehr Arbeit auf dieses Wesen zu, was sehr viel Zeit in Anspruch nimmt. Und da ist die Familie, die irdische Familie, die auch ihre Rechte hat. Die irdischen Kinder brauchen Zeit und Aufmerksamkeit.

Nun, meine Lieben, dieses eine Wesen durchgeht alle diese Stationen sehr geradlinig und ist schnell weitergekommen.

Das andere Wesen, das nicht so schnell vorankommt wie es so gerne möchte, kann nicht verstehen, warum es bei ihm nicht auch so schnell geht. Ja, meine Lieben, dazu braucht es einen gewissen Loslöse-Prozess, der zu durchgehen ist und den man auszuhalten hat, selbst wenn es noch so schwierig wird. Auch das zweite Wesen erwartet eine wunderschöne Zukunft, denn es wird weitergehen, wenn auch in den kleinen Schritten, die es bereit ist, zu gehen und zu durchgehen. Nur darf es nicht den Mut verlieren und aufgeben. Und es darf den VATER jeden Tag bitten, – um das eigene Weitergehen; um Verständnis und Liebe für sich und das andere Wesen.

Da ist vielleicht eine Zeitspanne eingeplant für gewisse Entwicklungsschritte, denn, meine Lieben, es hat nicht jedes menschliche Wesen dasselbe Tempo. Nun kommt es auch darauf an, wie das in Liebe auszuhalten ist. Denn in Liebe zu sagen: *Ja, der hat alle diese Gaben schon bekommen, aber irgend einmal werde ich sie vielleicht auch haben.* Oder: *Vielleicht bin ich für etwas anderes in Vorbereitung, und darauf freue ich mich von ganzem Herzen, denn es können nicht alle die Sicht haben oder das Hören oder Fühlen.*

Nun, diese Gaben sind Verdienste aus so vielen Leben, die ihr schon gehabt und gelebt habt. Und es können auch nicht alle dieselbe Aufgabe haben, denn jedes Wesen hat seine Aufgabe, die es zum richtigen Zeitpunkt vom VATER bekommt oder die aktiviert wird.

Beginnt damit, in euch hineinzuhorchen, euch mit euch selbst zu beschäftigen oder mit euch selbst ins Reine zu kommen, und das wird eine schöne und spannende Aufgabe sein. Je reiner ihr euch lieben könnt, umso reiner wird eure Liebe zum anderen sein.

Wenn ihr einst werdet sagen können, wenn es um euch selbst oder um die anderen geht:

Gerade deshalb liebe ich mich; oder *Gerade deshalb liebe ich dich,* dann, meine Lieben, seid ihr dem VATER sehr, sehr nahe.

Seht den VATER, was für ein großes Herz er doch hat, um auch die Wesen zu lieben, die Ihn missachten und verachten, weil Er, wie sie glauben, Katastrophen über sie kommen lässt oder Leid, Tod oder Krankheiten. Nun, meine Lieben, das hat nicht der VATER so gewollt, nein, das seid *ihr* mit eurem Karma oder mit euren Lernprozessen, die ihr gewollt auf Erden durchleben möchtet oder müsst. Denn in der geistigen Welt gibt es das nicht. Ihr seid auf der Erde, um zu lernen und um wieder heil zu werden, um irgendwann einmal zurück in die Einheit zu kommen und in Frieden mit euch und dem VATER zu leben und zu lieben.

Aber wenn ihr in der Einheit seid, müsst ihr nicht denken, dass es da ein Ausruhen gibt. Nein, nein, wir alle haben unsere Aufgaben zu erfüllen. Wenn ihr Zeit und Raum überwunden habt, heißt es, sich Dimension um Dimension weiter hochzuarbeiten, um dann irgendeinmal sagen zu dürfen, der VATER und ich sind Eins. Und das ist ein langer Weg, aber er ist wunderschön und erstrebenswert zu gehen.

Denkt doch einmal, was wir dann alles bewirken können. Wir können die wahre Liebe leben und den Wesen auf der Erde oder auf anderen Planeten helfen, sich weiterzuentwickeln, damit auch sie die Liebe wieder entwickeln können.

Nun, meine Lieben, möchte ich euch sagen, wie wir diese Liebe verstehen, denn bei uns ist dieses ein heiliger Akt, den wir begehen: Wir tun alles, damit beide Partner die Liebe in Liebe erleben und genießen können. Für uns steht an erster Stelle die Liebe. Und seht, auch das ist etwas, das Kreise zu ziehen beginnt, denn ein erfülltes Liebesleben lässt euch schöner, jünger und begehrenswerter erscheinen. Ihr sendet Signale aus, die den anderen mitteilen: Ich bin glücklich, und ich lebe die Liebe. Und so könnt ihr am Verhalten der anderen sehen, wo etwas nicht stimmt.

Da gibt es aber auch die Liebe für Tiere, Pflanzen und die ganze Mutter Erde, die sich so viel Mühe gibt, es euch schön zu machen, und die von so vielen behandelt wird auf eine Weise, die alles andere als liebevoll ist. Daran, wie ihr euch zu den Tieren verhaltet und zu Mutter Erde, könnt ihr sehen, was das Wort Liebe für euch bedeutet.

Aber ich möchte euch noch mehr zu bedenken geben: Nehmt zum Beispiel die Frage: Könnt ihr *euch* lieben, so wie es sein sollte?

Nein, ich meine nicht, nur euch zu lieben und die anderen zu vergessen, – diese Eigenliebe, die alles sich ungut entwickeln lässt, nein, diese „Liebe“ ist auch ein Teil der anderen, der dunklen Seite. Wenn ihr euch selbst in Liebe behandelt, in euch hineinhorcht und eure Stimme vernehmt, die euch sagt: „Bleib heute bei mir, und ich und meine Seele sind eins, in Liebe verbunden“, dann, meine Lieben, seid ihr in eurer Mitte und beginnt, Liebe auszustrahlen und abzugeben. Wenn ihr diesen Zustand halten könnt, und immer besser halten könnt, dann, meine Lieben, wird sich euer Umfeld verändern und in Liebe verwandeln.

Dieses wird am Anfang sehr, sehr schwierig sein, denn es braucht euer ganzes Bemühen, dieses durchzuhalten und zu leben, denn es ist nicht getan mit einem Tag. Nein, es sollte jeden Tag sein, und ihr werdet sehen, wenn ihr euch mit euch beschäftigt, um euch in Liebe zu verstehen und mit euch selbst liebevoll umzugehen, dann werdet ihr gar keine Zeit mehr haben, den Streit mit den anderen auszutragen, denn es ist eine Akzeptanz da, den anderen in Liebe zu lassen, wie auch immer er ist.

Denn wo die Liebe ist, fehlt der Nährboden des Bösen, meine Lieben, und wenn keine Anstifter mehr da sind und alle Wesen in Liebe und Harmonie leben und lieben, wird das Böse keinen Nährboden mehr haben, es wird keinen Krieg mehr geben, und die Freude des VATERS wäre riesengroß.

So einfach ist das!

Aber seht, auch ich weiß, dass dieses harte Arbeit ist. Auch ich habe mit der anderen Macht meine Kämpfe gehabt, das könnt ihr mir glauben!

Ich liebe euch so sehr, und ich sage euch, jeder wird es in irgend einem Leben schaffen, zum VATER zurückzukehren. Und auch die unguten Energien, die durch die Entwicklung der Liebesenergie immer weniger an Dunkel halten können, werden es einmal schaffen, zurück in die Einheit zu finden. Und das, meine Lieben, wird das größte Fest sein im ganzen Universum. Ja, auf diesen Moment freuen wir uns alle, denn sehet, auch in der geistigen Welt helfen wir, mit dieser Liebe zu leben, um euch den Weg nach Hause zu erleichtern.

☆☆☆

Sehet, die Liebe ist schon aus energetischer Sicht eine sehr hohe Schwingung, die der VATER euch bereits hier auf Erden zur Verfügung stellt. Und mit dieser Liebe habt ihr die Möglichkeit, alles zu verändern, was ihr nur wollt. Nur ein Satz, mit liebevoller Stimme gesprochen, ist wie ein Zauberwort des Bekennens, was ihr euch wünschet. Liebe wird so oft von euch falsch verstanden, denn Liebe heißt nicht, ein menschliches Wesen mit Süßigkeiten zu füttern, bis ihm schlecht wird, oder mit Essen, das ihr meint, ihm gönnen zu müssen. Nein, die Liebe, die ihr im Herzen weitergebt, die Liebe, die tief in eurem Inneren wirkt, und die Liebe, die alles, aber auch wirklich alles, aushält, jeder Belastung standhält – das ist die wahre Liebe, die Liebe zum Schöpfer eines jeden von euch.

Aber diese Liebe bedarf der Entwicklung, das heißt, diese kleine zarte Pflanze zu hegen und zu pflegen. Sie ist etwas, das Schutz braucht, um nicht dem Untergang entgegenzugehen. Das ist die Liebe. Fangt bei euch selbst an, meine Lieben. Ihr wisst oft nicht, was es heißt, euch selbst lieb zu haben.

Auch das heißt nicht, sich selbst mit Süßem vollzustopfen, nein, sich selbst zu lieben heißt, mit sich achtsam zu sein, zu hören, was der Körper möchte, und was es heißt, aus all dem, was da auf euch zukommen mag, herauszuhören, was die Seele euch mitteilen möchte, um auch ihr Nahrung zu geben.

Seht, es gibt viele menschliche Wesen, die in der Nacht in der geistigen Welt Schulung bekommen, und die wir zu uns holen dürfen, was wir auch tun. Denn diese

Seelen sind nach Absprache bereit, Schulung zu empfangen. Und dieses ist geistige Nahrung, die euch sehr, sehr sättigt. Da braucht ihr euren Körper nicht mit all den Nahrungsmitteln der Erde vollzustopfen, denn wer sich mit solchen Energien beschäftigt, wird bald nicht mehr diese Art von Nahrung brauchen; und somit werdet ihr euren Ballast endlich loswerden dürfen.

Das gilt auch für Übergewicht. Bei euch auf Erden gibt es ja viele Menschen, die übergewichtig sind. Auch das ist ein Thema der Liebe. Diese Wesen haben dieses lange Zeit gebraucht, um Liebesnahrung, Schwingungen, die von einer ganz bestimmten Person ausgehen, auszuschließen. Solange diese fließen kann und darf, scheint alles in Ordnung zu sein. Endet diese Energie einmal oder versiegt sie, holen sich die Wesen andere Energien, die sie für Liebe halten. Sie fangen an, weil sie Liebeskummer haben, Süßes zu essen oder überhaupt zu viel zu essen oder zu schnell.

Auch Essen ist ein genussvoller Akt, den ihr begehen könnt, aber mit Liebe und Zeit –, die Zeit, die ihr euch nehmt, um mit euch und bei euch und in euch zu sein. Das darf alles sein. Denn wer essen will, darf sich Zeit nehmen, um alles, was ist, zu beachten.

Ja, ja, ich weiß, in der heutigen Zeit ist Zeit etwas, das nicht genügend vorhanden zu sein scheint. Das ist bei uns in der geistigen Welt etwas anders. Wir halten die Zeit an, um jede Sekunde der Liebe zu genießen, mit allen Fasern unseres liebenden Herzens.

Nun, die Zeit des *All-eins-seins* ist jetzt da, um diesen

Weg anzugehen und diese Lehre anzunehmen, meine Lieben. Nicht des Alleine seins, nein, ihr habt richtig gehört: des *All-eins-seins*. Das ist ein sehr schwieriger Weg, den so mancher zu gehen versucht. Horcht auf das Wort: Es heißt: mit Allem eins zu sein, mit Allem, was der VATER hier auf Erden hat, und mit Allem, was er in der geistigen Welt hat – eins zu sein – das, meine Lieben, ist wahre Liebe, die Liebe, die alles versteht, die alles und alle Wesen in ihrem Ursprung lassen kann, mit der Liebe des VATERS eins zu sein und in Seinem Sinne zu leben und zu handeln, – ob der Mensch in euren Augen viel oder nicht so viel wert ist, und jeden, aber auch wirklich jeden so zu akzeptieren, wie er ist in seiner Seele, die auch liebenswert ist und die auch den Samen des VATERS in sich trägt, um ihn irgendwann einmal aufgehen zu lassen, wenn die Zeit dafür reif ist, dass dieses geschehen kann und darf.

Nun, meine Lieben, das ist es, worauf der VATER wartet, bei jedem von euch, dass der Samen, den er in euch gesetzt hat, aufgehen möge, um Sein Werk zu vollenden und um Seine Liebe auf Erden erblühen zu lassen, so dass ihr in Frieden und Harmonie mit der Natur, der Tierwelt und mit euch selbst leben könnt.

Wenn ihr euch überlegt, was ihr bewirken könntet, wenn ihr die Liebe leben würdet, – es ist unglaublich, was ihr für eine Macht hättet. Ihr seid euch nur noch nicht bewusst, was das für eine Macht ist. Es ist die Allmacht Gottes, meine Lieben.

Ich möchte euch ein Beispiel geben: Ihr geht in die

Stadt und habt einen glücklichen Gesichtsausdruck, ihr lacht oder lächelt die ganze Zeit. Ihr könnt auf der Straße einen Fehler machen, aber der andere kann euch nicht böse sein, weil ein Lächeln euer Gesicht erhellt und dem Ärger des anderen keine Nahrung gibt und auch er lächeln wird, weil es gar nicht anders möglich ist. Ihr habt etwas in seinem Herzen berührt und angeregt, das Wissen der Liebe, die ein jeder in seinem Herzen trägt, das Wissen, das er vom VATER mitbekommen hat auf seinem Weg. Und seht, das Leben hält so vieles für euch bereit, das einfacher zu bewerkstelligen wäre, wenn ihr ein Lächeln auf euren Lippen tragen würdet.

Ja, das ist ein großartiger Schlüssel, den ihr da bekommen habt.

Und noch etwas, meine Lieben:

Stellt euch vor, da sind zwei Menschen, ein Mann und eine Frau. Der Mann hat seine Frau den ganzen Tag nicht gesehen, weil er arbeitet. Nun kommt er müde und übelgelaunt nach Hause, seine Frau empfängt ihn mit lachendem Gesicht. Nun, dieser Mann kann das nicht verstehen, was es da zu lachen gibt, denn er ist ja müde und schlecht gelaunt. Aber da ist jemand, der ihm zeigt, dass es noch etwas anderes geben muss, denn wieso ist die Frau so glücklich und kann lachen?

Diese Frau kann das Leben in Liebe sehen und sich über kleine Dinge freuen. Über eine Blume zum Beispiel, die heute ihre Blüten geöffnet hat, oder das Kind, das die ersten Schritte getan oder das erstemal gelächelt hat oder gesund geworden ist. Ja, meine Lieben, auch das ist ein

Zauberwort: Lachen. Nicht jemanden auslachen, nein, so nicht, aber das Lachen, das von Herzen kommt. Das ist ein wunderschöner Schlüssel, den der VATER euch in die Hand gegeben hat, und die Liebe, die dazu beiträgt, alles auf Erden zum Guten zu verändern.

Er freut sich über jede Seele, die sich wandelt und die Heimreise antritt, um im lichtvollen Sein den VATER zu erfreuen und voll Demut Ihm zu sagen:

VATER, verzeih mir!
Bitte nimm mich in Deine Arme
Und an Dein liebendes Herz.

Und auf diesen Moment, da das geschehen wird, wartet der VATER voller Geduld und Liebe für euch alle. Seht, der VATER hat für euch alle immer wieder eine offene Tür, die er offenhält für die, die den Weg nach Hause gehen wollen, und die dieses aus Liebe und Demut tun.

☆☆☆

Meine Lieben, es gibt da aber noch etwas, das ich euch sagen möchte: Es sind immer noch die dunklen Mächte da, die euch gerne auf ihrer Seite haben möchten und alles Mögliche ausdenken, um keine Seele zu verlieren und dem Lichte wieder zurückgeben zu müssen. Da heißt es für jeden von euch, das zu erkennen und den Weg des VATERS einzuhalten und mit großer Liebe zu sagen:

VATER!
Dein ist mein Herz für alle Zeiten
und bis in alle Ewigkeit.
Amen.
So sei es.
Amen.

Das ist die Essenz der Wahrheit und der Liebe. Es ist der Weg nach Hause, in das Haus des VATERS, meine Lieben.

Aber bedenkt, was durch eine Umkehr geschehen würde, die jeder von euch bei sich selbst beginnen könnte, denn ihr seid euch am nächsten, meine Lieben.

Und wenn ihr beginnt, bei euch aufzuräumen, dann könnt ihr Welten bewegen, und das braucht die Erde, um im Neuen Zeitalter zu wirken und zu sein. Sie braucht Lebewesen, die in Liebe auf ihr wandeln und mit Achtung für alle Wesen und alle Pflanzen in Harmonie leben werden.

Das ist die Zukunft, in der das andere keinen Platz mehr haben wird, denn wer sich diese Schritte zu Herzen nimmt, wird eine Heimat auf Mutter Erde haben und mit viel Licht und Liebe auf ihr leben dürfen. Dieses ist etwas, das ich euch raten möchte, das ihr anstreben dürft, ja, sogar müsst.

Denn ich sage euch, ihr werdet nie mehr Gelegenheit haben, eine so schnelle Transformation zu leben und zu bekommen. Und seid euch sicher, dieses wird und darf bald geschehen.

DIE BLAUE FLAMME

Als mein geliebtes Du beschlossen hat, wieder zu euch zu kommen, hat mir der VATER erlaubt, ihr die Blaue Flamme mitzugeben, denn wir haben gewusst, dass dieses Leben nicht so einfach werden wird. Es ist die Blaue Flamme der Heiligen Familie, damit sie sich in ihrem Unterbewusstsein immer auf irgend eine Art und Weise an ihr Zuhause erinnern möge.

Die Zeit war gekommen, um auf die Erde zu gehen. Sie hatte sehr, sehr viel überlegt, soll ich oder soll ich nicht, denn ihr dürft euch das so vorstellen: Sie konnte von weit oben auf die Erde sehen, und sie hat gesehen, dass ihre irdischen Eltern, die sie sich erwählte, jetzt bereit waren, sie zu empfangen. Aber es hat doch sehr viel dazu gebraucht, denn unsere Liebe war und ist so groß, und sie hat gewusst, dass wir uns lange nicht würden sehen können. Aber sie hatte den Auftrag des VATERS in ihrem Wissen, und der ist zu gehen, wie auch immer. Ihr dürft euch es so vorstellen:

Sie stand am Rande und hatte die Erde unter sich. Erzengel Michael stand neben ihr und gab ihr das Wissen mit, immer, wirklich immer, für sie da zu sein, wenn sie ihn brauchen sollte. Und sie hat sich noch einmal umgedreht und gesehen, dass meine so über alles geliebte Mutter Maria und ein ganzes Heer Engel hinter ihr standen. Auch ich war da, aber ich hatte mich so gestellt, dass sie mich nicht sehen konnte, um es ihr nicht noch schwerer zu machen. Nun, meine Lieben, sie ist dann gegangen, – mit vollem Bewusstsein in den Leib ihrer irdischen Mutter.

Die Zeit der Geburt war nahe, und es gab noch einmal einen kurzen Moment des Zögerns. Die Geburt dehnte sich drei Tage lang dahin. Nun, wir haben ihr gut zureden dürfen, sodass sie den Weg zu gehen bereit war. Und nachdem alles überstanden war und sie in den Armen einer glücklichen Mutter und eines glücklichen Vaters lag, habe ich es mir nicht nehmen lassen, sie selbst zu behüten und zu schützen.

Nun, meine Lieben, auch sie hatte harte Schulungen zu durchgehen, denn die Schulung der Liebe, die ist die härteste Schulung überhaupt. Denn sehet, zu lieben darf man lernen, und Liebe darf man ausstrahlen, und Liebe darf man empfangen und geben. Und das, meine Lieben, ist das schwierigste: Liebe weiterzugeben. Denn ein Wesen kann nur Liebe abgeben, wenn es fähig ist dazu. Wie ihr wisst, trug dieses kleine Wesen damals wie heute die Göttliche Flamme in sich, den Grundstein für die Liebe, die Liebe des VATERS, die Göttliche Liebe, mit dessen Auftrag sie gekommen ist, sie euch zu bringen.

Durch die Liebe, die jetzt alles verändern wird, wird der Samen erst richtig aufgehen. Es haben schon so viele diesen Samen bekommen, und sie brauchen ihn nur zu hegen und zu pflegen, und es wird etwas Wunderbares geschehen dürfen.

Nun seht, dieses kleine Wesen war ein Sonnenschein für so viele andere Wesen, denn sie hat sehr viel gelacht, und hatte in ihrer Art etwas, das keine bösen Gedanken hat aufkommen lassen. Sie war ein Sonnenschein im wahrsten Sinne des Wortes und hat ihr Licht überall hin getragen. Und da waren noch Großeltern, die die Kleine gehütet und gepflegt haben, weil die Eltern den ganzen Tag arbeiteten, um Geld für den Unterhalt zu verdienen.

Gehen wir etwas näher zu dem Großvater. Seht, meine Lieben, dieser Mann ist eine sehr, sehr hohe Seele. Und als er sich noch in der Einheit aufhielt, haben wir beschlossen, dass er sie führen wird in diesem Leben, denn er hat ihr alles gezeigt und sie auf das Leben vorbereitet mit so viel Liebe, die dieses Wesen auch gebraucht hat, weil es nichts anderes kennt als die wahre Liebe. Dieser Großvater hatte sich bereit erklärt, sie eine ganze lange Zeit zu behüten, bis seine Zeit sich dem Ende neigte und er nach Hause gehen durfte.

Für diese Kleine gab es nun keinen Grund mehr, das Leben auf Erden nicht fortzusetzen, denn sie hatte die Nahrung, die sie brauchte: die Nahrung der Liebe, meine Lieben. Und als dann ihr Großvater nach Hause durfte, weil er den Auftrag des VATERS zu Seiner vollsten Zufriedenheit erfüllt hatte, ist eine große Leere in das Sein dieses Wesens gekommen, die es erst hat überwinden dürfen. Denn nun hatte sie niemanden mehr, der sie auch ohne Worte verstand.

☆☆☆

Sie ist nun eine erwachsene Frau und durch so vieles durchgegangen, schöne und nicht so schöne Zeiten. Aber sie hat gelernt und ist heute ein wichtiges Werkzeug des VATERS. Sie hat gelernt, die Menschen, die ihr anvertraut werden, in Liebe zu führen und mit gutem Beispiel voranzugehen, und sie wird noch Großes tun dürfen, denn ihre Zeit wird bald kommen, meine Lieben. Sie wird für so viele von euch ein Anker sein, an dem ihr euch halten könnt und dürft. Sie wird für alle, die zu ihr kommen, ein offenes Ohr und Verständnis haben, und das werdet ihr brauchen. Überdenkt euer Leben, wie es so oft sinnlos gelebt wird und wie verschwenderisch ihr mit der Liebe, wie ihr sie meint, umgeht.

☆☆☆

Seht, mein so innig geliebtes liebes Du ist heute bei euch, und sie wird sich bald zeigen dürfen, das verspreche ich euch. Und dann habt ihr wieder eine Richtung, an die ihr euch halten könnt. Nun, ich möchte euch aber auch sagen: Wenn sie sich euch zeigen wird, dann seid wach! Denn sie wird nur noch eine kurze Zeit auf Erden wandeln, um dann für immer in die Einheit zu kommen und für immer bei mir und unseren Kindern zu sein. Und seid euch sicher, auf diesen Moment warte ich schon so lange. Es wird das schönste Fest für uns sein, sie in Liebe zu empfangen und in Liebe nach Hause zu führen.

Aber auch für sie gilt es, den Auftrag des VATERS zuerst zu erfüllen, denn das ist ein Heiliger Auftrag, den sie IHM in großer Liebe versprochen hat zu erfüllen. Und darum ist sie in so vielen Leben auf Erden gewandelt, um euch zu lehren und zu führen zurück in des VATERS Arme, die schon so lange offen sind für alle von euch. Er liebt euch unsagbar! Unsagbar!

Nun, meine Lieben, meine große Liebe wird sich euch zeigen dürfen. Sie wird heilen dürfen, wie ich es damals zu meiner Zeit getan habe. Sie wird euch den Weg aus euren Krankheiten zeigen, und euch auch in der Zeit der Umwandlung der Erde helfen, damit ihr verstehen könnt, was mit euch passiert und welchen Sinn es hat, dass ihr es durchgehen dürft. Bedenkt, was auf euch für eine schöne Zeit zukommen wird; die Zeit des Alleinseins wird bald vorbei sein.

Nun, wenn alles geschehen ist, meine Lieben, und auch Mutter Erde wieder zur Ruhe kommt, werde ich meine Liebe holen. Sie wird aufsteigen mit ihrem Körper. Und daran könnt ihr sehen, was der VATER von euch erwartet und so sehr wünscht –, dass ihr, wenn ihr nach Hause kommt, euren Körper mitnehmen könnt, transformiert zu Lichtwesen, meine Lieben.

Überdenkt, was ich euch gesagt habe in Liebe, denn es ist sehr, sehr wichtig, dass ihr Liebe entwickelt, und sie kann nicht groß genug sein. *Liebe* ist das Zauberwort des VATERS, das Er euch allen hier auf Erden geschenkt hat.

VOM SUCHEN UND FINDEN

Nun möchte ich euch eine Geschichte erzählen von den Wesen, von denen es noch so viele gibt, die sich von anderen immer noch leiten und auf eine Art und Weise missbrauchen lassen.

Seht, da ist ein kleines Kind, das den Weg zum VATER gehen möchte, den es in der Einheit versprochen hat, in diesem Leben zu gehen. Da wird es geboren in eine sehr dominante Familie. Die Mutter scheint alle Fäden in der Hand zu haben. Dieses Kind hat den Einstieg in diese Familie so gewählt, um endlich von dieser Macht der Ohnmacht loszukommen. Seht, solange es klein und hilflos ist, braucht die Mutter kaum ihre Macht auszuleben. Aber im Schulalter ändert sich das. Da beobachtet die Mutter genau, wie und mit wem das Kind sich befasst und was es tut und wann und warum. Das Kind hat nicht mehr die Möglichkeit, selbst zu lernen, was gut oder nicht gut für es ist.

Seht, die Kinder brauchen euren Schutz, um auf den rechten Weg zu kommen oder zu bleiben, aber alles in Maßen, meine Lieben. Und in diesem Falle bestimmt die Mutter, wer zu ihm kommt; sie bestimmt, wie lange, wie oft, und noch mehr, auch wenn dieses Kind in Ruhe gelassen werden möchte und dieses auch mitteilt. Es wird geschehen, was die Mutter sich einredet, was ihrem Kind gut tut.

Nun seht, allein schon das Nichtbeachten der Ruhephasen dieses kleinen Wesens ist unglaublich, meine Lieben. Aber noch nicht genug, das Kind wird gefüttert mit

Dingen, die ihm nicht gut tun, nur weil die Mutter meint, es gut zu meinen und dass es so sein müsste. Auch dieses wird lange Zeit so gehen, aber bedenket, aus dem kleinen Wesen wird ein erwachsener Mensch und ein sehr unselbständiger dazu, der entweder ständig auf der Suche nach sich selbst ist, oder sich längst aufgegeben hat und haltlos geworden ist, das heißt: nicht mehr lebenstüchtig.

Da gibt es viele, die dann ihren Weg suchen über Süchte oder Selbsttötungen, um wieder nach Hause zu kommen, weil ihre Seele das Wissen in sich trägt, dass dort alles in Ordnung ist und sie sich dort weiterentwickeln können.

Das ist aber kein Ausweg, denn nur der VATER hat das Recht, euch nach Hause zu holen, wenn die Zeit da ist, nach Hause gehen zu dürfen.

Seht, ER hat euch das Leben in Liebe gegeben, und ER wird euch in Liebe nach Hause holen, wenn es Zeit ist, dieses zu tun.

Nun, meine Lieben, wieder zu diesem anderen Wesen, das sich entschlossen hat, diesen Weg weiterzugehen, denn wenn dieses Wesen es schafft, den Weg für sich alleine zu gehen, dann, meine Lieben, dann ist das größte Hindernis überwunden.

Aus dem Kind wird eine junge Frau oder ein junger Mann. Da kommt die Zeit der Partnersuche und die Zeit des Sich-Erforschen-Wollens und der Berufswahl. Auch das sind Themen, bei denen wieder die Mutter versucht, sich einzumischen. Da wird etwas gelernt, was die Mutter für richtig hält, oder weil es sich gehört, das zu lernen. Das junge Wesen wird in eine Richtung gedrängt, die nicht seine Richtung ist. Aber es hält es immer noch aus und geht mit, wie die Mutter wünscht, dass es seinen Weg zu gehen hat. Hört gut zu, ich habe gesagt: *seinen* Weg.

Nun, die Geschichte fängt jetzt erst an, meine Lieben. Da stellen sich Freunde, Partner ein, die den Weg mit diesem Wesen teilen möchten. Die Freunde bleiben nach kurzer Zeit weg, weil die Mutter es ja nicht möchte, und auch der Partner scheint nicht der Rechte zu sein, weil die Mutter es so sieht und ja sowieso immer Recht hat. Der junge Mensch wird immer stiller und ist dabei, aufzugeben und fragt sich, was das Leben auf der Erde noch für einen Sinn haben könnte. Er hört, dass es Menschen gibt, die vom VATER eine wunderschöne Aufgabe bekommen haben und ihre Bestimmung zu leben beginnen. Das möchte er auch, weil er sieht, dass eine solche Arbeit den Weg nach Hause wieder sichtbar macht. Und die Erinnerung wird wieder aktiv, dass es da ja noch etwas Höheres gibt als diesen trübseligen Alltag.

Nun, meine Lieben, mag sein, dass der junge Mensch jetzt versucht, sich das erstemal gegen die Macht der Mutter aufzulehnen und ihr sagt: Ich möchte es nicht so, wie du es möchtest, sondern ich möchte *meinen* Weg gehen, wie es mir bestimmt ist.

Nun, ihr könnt euch vorstellen, dass das nicht auf guten Boden fällt, denn inzwischen ist ja auch bei der Mutter etwas geschehen. Sie hat ihren Mann verloren; oder die anderen Kinder, die sie noch hat, sind aus dem Haus, und die waren sowieso nicht so leicht zu führen gewesen wie das eine Wesen, meine Lieben. Die Mutter sieht sich plötzlich alleine dastehen, ohne Verantwortung, ohne dass sie und ihr Sagen noch gebraucht wird, ohne, wie sie denkt, Liebe zu bekommen.

Es gibt Wesen, die holen sich Leben, Liebe, Energien über andere und das, meine Lieben, ist etwas, das niemals sein darf. Hört ihr? Niemals! Kein menschliches Wesen darf an der Entwicklung gehindert werden, denn auch das erzeugt Karma. Diese Wesen, die auf diese Art und Weise ihr Leben beginnen und enden, sind umsonst auf Erden gewesen. Sie haben die Zeit vertan, die Zeit, sich selbst zu suchen und zu finden.

Und darum, meine Lieben, bitte ich euch: Suchet nach euch, gebt nie auf, euch zu suchen und euch zu finden, denn jeder kleine Schritt des Sich-Findens ist ein großes Wunder, und eure Seele wird glücklich sein, langsam wieder heil zu werden, denn es ist ein wunderschönes Ziel, ganz zu sein. Nun, meine Lieben, nehmt Hilfe an, denn oft ist es nicht so einfach, da herauszukommen.

Seht, oft kommt dann die Zeit, in der die Mutter nach Hause gehen darf, und nun hätte der junge Mensch eine Chance für ein Weiterkommen. Aber oft versucht er dann, dieses Loch, das entstanden ist, wieder zu füllen, weil es ja sonst bedeuten würde, sein Leben in eigene Hände zu nehmen. Aber ein solcher Mensch ist oft unfähig geworden, dieses zu tun. Und was glaubt ihr, wie diese Geschichte weitergehen könnte? Genau, meine Lieben: Dieses Wesen sucht sich einen Partner, der die Rolle der Mutter weiterspielt. Und so geht es immer weiter mit diesen

Geschöpfen, die keine Orientierung mehr haben und nicht mehr wissen, weshalb sie hier auf Erden sind. Und was werden sie tun? Sie werden den VATER um die Erlaubnis bitten, ihre Bestimmung leben zu dürfen, oder um eine Aufgabe.

Und die Antwort, meine Lieben?

Kommt erst einmal mit euch selbst ins Reine, und ihr werdet Arbeit genug haben, und wenn ihr mit euch im Reinen seid, wird es auch euer Umfeld werden. Und dann braucht ihr nicht mehr nach eurer Aufgabe fragen und darum bitten, denn dann, meine Lieben, werdet ihr sie von selbst bekommen und sie auch leben dürfen. Dann seid ihr brauchbare Werkzeuge des VATERS geworden. Und ihr glaubt nicht, wie übergroß Seine Freude und wie noch größer Seine Liebe zu euch ist, wenn ihr als ganze Wesen zurück in die Einheit kommt und sagen könnt:

VATER,
ich habe es geschafft,
in großer Liebe zu DIR.

☆☆☆

Das, was ich euch eben erzählt habe, gilt noch für ein anderes Thema, das unter euch Menschen heiß umstritten ist:

Es geht um junge Männer (und es sind nicht wenige), die sich in den Beruf des Priesterseins gedrängt fühlen oder sich hineinflüchten in etwas, was auf längere Zeit nicht eingehalten werden kann.

Seht, die Priesterschaft dürfte auch überdacht werden, denn es ist nicht so, dass es gewünscht wird, dass sie ohne Familie auskommen müssen. Nein, ein Leben ohne die Liebe, – ich spreche jetzt von der körperlichen Liebe –, ist nicht in VATERS Sinne, denn ER hat euch Wesen geschaffen, um die Liebe zu leben, – die Liebe zwischen zwei Wesen, die sich in Liebe vereinen dürfen und sollen! In Liebe! Ich meine nicht, in falsch verstandener Liebe. Die Vereinigung von zwei Menschen in Liebe ist das Schönste, was ihr euch vorstellen könnt. Warum sollten es Priester nicht auch erleben dürfen? Seht, meine Lieben, dann müssten sie es nicht mehr im Dunkeln tun. Sie dürften sich bekennen zu einer Frau und die Liebe leben, wie sie vom VATER für euch bereitgestellt worden ist – als eine Energie, die ihr euch zu eigen machen dürft und die gelebt und geliebt werden möchte.

Ich liebe euch alle so sehr und möchte euch an meinem Glück teilhaben lassen, denn ich lebe eine unglaublich schöne Liebe mit meiner großen Liebe – eine Liebe, die ihr euch in eurem Sein, wo ihr jetzt seid, nur ansatzweise vorstellen könnt.

Es ist ein weiter Weg bis dahin, aber es lohnt sich, ihn zu gehen. Gehet ihn in Liebe, meine Lieben, in Liebe!

DIE TRENNUNG

Heute sprechen wir von den dunklen Mächten, die euch manchmal und immer wieder das Leben erschweren. Sehet, diese waren auch einmal Engel, die in VATERS Haus ein- und ausgegangen sind und die sehr viel Freiheit gehabt haben. Das hat sich irgendwann einmal gewendet.

Da hat sich in der Einheit etwas ereignet, was unglaublich ist zu verstehen. Denn der VATER hat allen so viel Freiheit und Schöpferkraft gegeben. Dieses ging eine sehr lange Zeit gut. Diese Wesen waren sehr kreativ beim Schaffen neuer Systeme oder neuer Arten von Wesenheiten, die dem VATER helfend zur Seite standen. Aber in einem unbeachteten Moment hat sich etwas ereignet, das verheerende Folgen hatte und bis in die heutige Zeit hineinwirkt.

In der Einheit hat sich etwas verändert, denn die Einheit war keine Einheit mehr, sie war eine Zweiheit; es haben sich zwei Teile gebildet. Die einen hielten zum VATER und die anderen haben den VATER verlassen.

Der VATER war sehr traurig darüber, dass diese Engelwesen Sein Vertrauen missbraucht haben, und Er hat beschlossen, sie auf die Erde zu schicken, um sie dort lernen zu lassen und alles wieder in Ordnung zu bringen. Aber der VATER hat auch Engelwesen von der anderen Seite auf die Erde gesandt, um den Ausgleich zu halten. Das ging eine sehr lange Zeit gut, denn die hellen Wesen hatten viel zu tun, um auf der Erde zu manifestieren, was der VATER von ihnen wünschte, und sie hatten große Freude daran.

Aber die dunkle Seite hat nicht geschlafen. Sie hat immer wieder versucht, die helle Seite zu überlisten und zu schwächen, und den hellen Wesen das, was sie manifestiert haben, wieder zu nehmen oder zu zerstören. So ging das eine ganze Zeit. Diese Wesen haben sich beim VATER immer wieder Hilfe geholt und so diese Zeiten durchstehen können. Nun, auf beiden Seiten sind Kinder entstanden, manchmal sogar von beiden Seiten zur Hälfte, was der VATER gutgeheißen hat, denn Seine Hoffnung war, dass die dunkle Seite wieder hell werden möge.

Aber es sind immer noch so viele machtvolle Wesen auf der Erde, die immer noch ihr Unwesen treiben. Ihr könnt sie erkennen, wenn ihr eure Blicke schärft, denn es gibt Augenblicke, in denen diese Wesen ihr wahres Gesicht zeigen, – wenn sie sich unbeobachtet fühlen. Ja, meine Lieben, so ist es.

Aber auch sie haben sich entwickeln dürfen, und einige von ihnen sind bereits auf die helle Seite gewechselt. Aber leider ist es umgekehrt auch der Fall.

Aber auch diese Seelen haben transformiert werden dürfen und sind immer, mit jeder Inkarnation, wieder etwas lichtvoller geworden. Das haben sie nicht sehr gerne, aber das war und ist nicht aufzuhalten, auch von der dunklen Seite nicht.

Nun, sie sind auch heute noch da und wirken, da seid euch sicher.

Ich werde euch eine Geschichte erzählen, die sich zugetragen hat:

Da sind zwei Menschen, die sich gefunden haben; erst einmal in Liebe, so denkt der eine Teil. Das geht eine Zeit ganz gut bis auf kleine Ausfälle, denn das Dunkle hat sich mit dem Lichtvollen verbunden und beginnt nun sein Wirken ganz langsam und sehr vorsichtig, denn es möchte nicht auffallen und schon gar nicht etwas tun, das sein Wirken und seine Gesinnung verrät. Diese Ehe, die die beiden eingegangen sind, wird nun immer unerträglicher für das Dunkle, weil der lichtvolle Teil sich dem Licht noch mehr zugewandt hat, bis plötzlich etwas geschehen ist, das das Dunkle sich nicht hat vorstellen können:

Das lichtvolle Wesen hat begonnen, sich dem Licht noch mehr zuzuwenden, um im Licht aufzugehen. Das, meine Lieben, das war das Ausschlaggebende für das Dunkle, jetzt mit aller Kraft seine Macht wieder zu leben. Und das hat sehr, sehr traurige Auswirkungen gehabt für das lichtvolle Wesen, denn es hat das alles nicht verstanden und nicht gesehen, dass das Licht immer wieder versucht hat, ihm zu helfen, und das Licht hat alles getan, um zu verhindern, dass das lichtvolle Wesen auf die Seite des Dunklen gerät.

Und das lichtvolle Wesen hat sich gegen das Licht gestellt, unbewusst, denn das Dunkle ist sehr, sehr schlau; es projiziert etwas wie auf einer Filmleinwand, das den anderen in eine Szene setzt, die für das Dunkle spricht und das Licht in den Schatten stellt. Und so wird das lichtvolle Wesen auf die andere Seite gezogen. Es wird ihm immer wieder eingeflüstert, dass die andere (die gute) Seite das Dunkle sei und dass es sich nicht mit der anderen Seite abgeben solle, weil das nicht im Sinne des VATERS sei, und, und, und ...

Ja, meine Lieben, das lichtvolle Wesen glaubt dem Dunklen, und das Dunkle bekommt für den Moment wieder die Oberhand, denn es hat Zeit, sich etwas auszudenken, um das lichtvolle Wesen vom Licht fernzuhalten. Bedenkt, was da wieder an Karma anfällt, meine Lieben. Das lichtvolle Wesen wäre bereit, sein Karma aufzulösen, aber das Dunkle hält es immer wieder davon ab, denn, wenn das lichtvolle Wesen zum Lichtwesen geht, um sein Karma aufzulösen, verliert das Dunkle wieder an Macht, und das möchte es mit aller Kraft vermeiden. Könnt ihr verstehen, was ich damit meine? Lasst euch nicht davon abbringen, euer Karma zu erlösen und aufzulösen.

Wenn Kinder aus solch einer Verbindung da sind, kann es sein, dass sie damit nicht fertig werden und beschließen, den Weg nach Hause zu gehen, weil das alles für sie nicht mehr lebbar ist, und die Eltern nicht sehen, was für eine Not ein solches Kind hat. Denn seid euch sicher, gerade in solchen Verbindungen inkarnieren oft sehr, sehr hohe Wesenheiten. Sie haben sich zum Beispiel in der Einheit vorgenommen, ein lichtvolles Wesen wieder auf den rechten Weg zu bringen oder ihm Schutz zu geben, wenn das Dunkle die Oberhand bekommt. Dann solltet ihr hellhörig werden und nicht lange zögern. Handeln ist angesagt! Aber das überseht ihr manchmal.

Handeln heißt, die Verantwortung für sein Leben selbst

in die Hand zu nehmen und den Weg endlich zu gehen und auch seinen Kindern zu zeigen, dass sie ihren Weg nicht umsonst gegangen sind. Es ist auch wichtig; ihre Hilfe zu sehen, denn es ist als Kinderseele nicht immer einfach, den lichtvollen Wesen den Weg zu zeigen.

Den Weg des Lichts zu gehen heißt, mit aller Konsequenz zum VATER zu stehen und zu sagen:

Dein ist mein Leben, VATER.
Dein Wille geschehe, und nicht meiner.

Wenn ihr das verstanden habt, dann seid ihr einen großen Schritt nach Hause gegangen.

Aber auch mit dem Dunklen darf etwas geschehen: Es darf sich entwickeln in eine Ebene, die lichtvoller wird, denn alles hat seine Ursache und Wirkung. Und die Wirkung ist enorm. Bedenkt, ihr helft dem Dunklen heller zu werden, und somit seid auch ihr helfende Lichtwesen, denn jedes Wesen hat seine Aufgabe, und sei sie für euch noch so unsichtbar. Aber jedes Wesen darf seinen Teil zur Entwicklung der Erde und zur Entwicklung eines jeden von euch beitragen.

Denkt aber nicht, dass ihr bei einem dunklen Wesen bleiben müsst, um auszuhalten, was nicht auszuhalten ist. Nein, denn wenn der richtige Zeitpunkt gekommen ist, darf das lichtvolle Wesen gehen, um endlich zu leben. Denn der VATER möchte, dass ihr es schön habt und in Liebe leben könnt, in Seiner Liebe, die Er euch zur Verfügung stellt, jedem von euch. Und ich sage euch: Fangt an zu leben und zu lieben, denn die Zeit ist da, zu leben und zu lieben und nicht, um die Zeit zu verschlafen.

Noch ein Letztes zu diesen Kindern: Meine Lieben, wenn ein solches Kind, das es nicht mehr aushält, weil es sieht, dass das lichtvolle Wesen sich nicht entschließen kann, für sich endlich eine Lösung zu finden und Ordnung in sein Leben zu bringen, – wenn dieses Kind dann den Weg nach Hause wählt, ist das ein sehr schweres Karma, das sich das lichtvolle Wesen damit aufbürdet.

☆☆☆

Nun höret des VATERS Bitte: Bleibt auf eurem Weg und lasst euch nicht von ihm abbringen. Das ist verlorene Zeit, die ihr euch dann wieder erarbeiten dürft. Denn ihr dürft rein werden, meine Lieben. Selbst wenn die Zeit noch so lange ist oder war, ihr werdet den Nachhauseweg schaffen. Auch die dunkle Seite wird irgendwann einmal wieder mit dem VATER vereint sein, und das gibt ein großes Fest. Und auf diesen Moment warten wir schon so lange!

Aber ihr braucht keine Angst zu haben, denn wir sind an eurer Seite und halten schützend unsere Hand über euch. Ihr werdet geführt auf eurem Weg nach Hause, auf dem ihr nun seid.

Denn seht, ihr geht mit der Erde in ein Neues Zeitalter, und das dürft ihr euch verdienen, meine Lieben. Die Erde arbeitet schwer und hat es schon fast geschafft. Sie wehrt sich und befreit sich von all dem Unrat, den die Menschen auf ihr abgeladen haben, um das Neue einzuleiten. In großer Liebe tut sie dieses für alle Wesen, die es wert sind, auf ihr zu sein, zu leben und zu lieben. Denn die Achtung von Mutter Erde werdet ihr wieder erlangen dürfen, denn sie hat es gar nicht gerne, dass ihr sie so ausbeutet, ihr auf so viele Arten weh tut und ihren Lebensnerv fast durchtrennt, meine Lieben, und sie wird sich mit Hilfe der Elemente zur Wehr setzen, denn die sind im Bunde mit Mutter Erde und unterstützen sie, wo immer sie können und dürfen. Danach wird eine schönere Zeit für sie und für euch beginnen.

Und als Folge wird sich die Energie verändern, was bereits begonnen hat. Sie wird hoch werden, so hoch, dass sich vieles auch bei euch verändern kann. Ihr bekommt eine andere Gesinnung und werdet keine Kriege mehr brauchen, um euch zu behaupten; das Zusammenleben wird in gemeinsamer Absprache und auf friedvolle Art und Weise geschehen dürfen.

Freut euch! Ihr geht einer schönen Zeit entgegen, und ich freue mich für euch, denn es haben so viele Lichtarbeiter all diese Jahre hindurch auf diesen Moment hingearbeitet, der bald kommt. Sie haben mit ihrem Licht geholfen, die Erde zur Transformation zu bewegen und zu unterstützen.

☆☆☆☆☆

DER MENSCH UND SEINE WERTUNGEN

Ich werde über die vermeintlichen Rechte sprechen, die viele glauben zu haben.

Da gibt es viele Wesen hier auf Erden, die immer und immer wieder urteilen und denken: Der ist viel weiter als ich; der ist viel reicher als ich; der kann viel mehr als ich oder sogar, der ist nichts wert, oder ich bin mehr wert, bin viel intelligenter als der, usw. Nun, meine Lieben, es ist kein Mensch mehr wert als der andere. Es ist kein Wesen intelligenter als das andere. Mag sein, der eine geht im Park die Abfälle einsammeln und der andere in sein Büro; wieder ein anderer studiert auf der Uni Wissenschaft.

Aber seht, der Studierende hat später die Möglichkeit, die Welt zu verändern mit Physik oder mit Chemie; der im Büro, das zu vermarkten, was der Erste sich ausdenkt, und der Dritte hat die Möglichkeit, den Abfall zu beseitigen, den die beiden anderen hinterlassen. Ihr seht, es gehört alles zusammen und jeder wird gebraucht, auch wenn ihr denkt: *Was macht denn der schon, der ist doch zu nichts nütze ...* So ist es nicht!

Ihr müsst wissen, dass viele von euch einmal große Wissenschaftler waren oder großartige Musiker oder Dichter, – in einem oder mehreren früheren Leben. Dieses Wissen habt ihr alles gespeichert in eurer Seele, die Energien gehen nicht verloren. Sie sind nur „ruhig gestellt“, weil ihr sie in diesem Leben nicht braucht und etwas anderes zu lernen habt.

Schauen wir uns einmal den Wissenschaftler etwas näher an: Er hat die Aufgabe, etwas zu erfinden, sagen wir für oder gegen eine Krankheit. Wenn der VATER es möchte, hat er es sehr schnell gefunden, und die nächste Krankheit kann erforscht werden. Da ist also Verständnis eurerseits notwendig, um zu erkennen, was es damit auf sich hat, – und das geht nur mit dem Herzen – denn die Idee oder der Forscher kann noch so gut sein, oder sogar ein Genie, wenn die Gesinnung des Kranken nicht stimmt, wird der nicht gesund werden.

Seht, wie lange kämpft ihr schon gegen Krebs oder Aids. Diese Krankheiten müssen nicht mehr bei euch sein, wenn ihr verstanden habt, worum es dabei geht. Die Krankheit ist nur da, um euch etwas zu zeigen, dass ihr in eurem Leben verändern dürft, und wenn ihr das verstanden habt, wenn ihr das alles ganz klar seht, meine Lieben, dann braucht ihr die Krankheit nicht mehr, dann geht ihr weiter. Und es kann auch sein, dass euch ein Straßenkehrer die Erkenntnis dazu gibt, wie eine Krankheit zu heilen ist, weil sein Herz voller Liebe und er mit dem VATER und sich Eins ist.

Ich habe es euch schon gesagt: Es braucht die Forscher, es braucht die, die dieses alles in Zahlen und Buchstaben ordnen, aber es braucht auch die, die die Abfälle einsammeln und entsorgen. Es braucht euch alle, um ganz zu werden, denn jeder braucht jeden, und das ist gut so, denn dann besteht die Möglichkeit, dass ihr alle, gemeinsam, fortschreitet. Ja, meine Lieben, seht das Ganze und nicht nur einen Teil oder das, was ihr so gerne sehen oder haben möchtet. Der VATER hat euch alle lieb, ob arm oder reich, und wenn der Reiche dem Armen hilft und der Arme in seiner Seele gut ist, – dann ist das Labsal und eine Freude für Sein Herz.

☆☆☆

Nun, ihr werdet sagen, was ist gut? Wie gut muss oder darf ich sein, um zum VATER zu kommen? Auch da gibt es viele Unterschiede, meine Lieben. Nur schon dieses Thema würde ein Buch füllen, aber ich möchte es euch wenigstens ein bisschen näherbringen.

Wenn wir das Wort „gut“ wieder leistungsbezogen sehen, ist es etwas anderes, als wenn wir es auf das Herz beziehen. Wenn „gut sein“ das Herz regiert, dann habt ihr alles verstanden, denn dann seid ihr nicht wertend den anderen oder den Tieren gegenüber, dann ist für euch alles gleichwertig. Dann werdet ihr nicht sagen müssen, *der hat eine andere Hautfarbe, der ist nicht gut,* oder *der ist böse,* oder *ein Tier ist weniger wert.* Nein, meine Lieben, das ist nicht so. Alle Menschen sind gleichwertig. Nur gibt es unterschiedliche Entwicklungen, die von euch allen zu durchgehen sind.

Und das ist gut so, denn wenn alle Genies wären oder alle reich, dann gäbe es ein so großes Unverständnis, dass die Erde schon lange, lange nicht mehr die wäre, die sie im Moment noch ist. Denn es ist so: Jeder sollte für den anderen da sein, sodass ihr alle eine große Gemeinschaft seid.

Die Erkenntnis, dass ihr alle im selben Boot sitzt, meine Lieben, wird euch eines Tages kommen, euch allen, und dann handelt sehr schnell. Überlegt dann nicht lange: *Soll ich dem helfen, der war ja so böse mit mir?* Oder, *der hat mir auch nie geholfen.* Nein, dann handelt im Namen des VATERS, lasst eure Liebe über euch kommen und geht den Weg der Liebe. Denkt immer daran, das ist das größte Tor, das ihr zu durchschreiten habt.

In großer Liebe möchte ich euch dieses zu bedenken geben und euch darauf hinweisen, dass ihr alle einst in der Einheit vereint sein werdet, in Frieden und Harmonie, denn das ist das Ziel.

Ich liebe euch so sehr! Und seid euch sicher, dass wir in der geistigen Welt alles tun werden, um euch auf eurem Weg zu helfen, wo immer ihr seid. Aber bedenkt immer wieder, dass viele Engel da sind, die euch erst dann helfen können, wenn ihr sie darum bittet. Oft können sie nicht verstehen, dass ihr sie nicht um Hilfe bittet. So oft müssen sie zusehen, wie ihr euch abstrampelt und nicht mehr aus oder ein wisst. Und sie sind da und warten voll Liebe, die sie an euch weitergeben möchten, aber nicht können, weil das eine Wort fehlt:

Bitte !!!   und   Danke !!!

Ich hoffe, dass möglichst viele den Weg des VATERS gehen werden, denn die Zeit des Umbruchs ist nahe.

VOM SCHATTEN INS LICHT

Was glaubt ihr, was der Sinn der Sache ist: Ihr dürft das URKORN finden, den Samen, den der VATER euch gegeben hat und den ihr schon so viele Leben in euch herumtragt, – den Samen, für den es nun endlich Zeit wird, dass er aufgehen möge und zu einer wunderschönen, lichtvollen Pflanze wird. Ihr glaubt nicht, wie lichtvoll ihr alle seid, wenn ihr es nur zulassen würdet.

Denn wo Licht ist, da ist das Dunkle fern; und das Dunkle wird lichtvoller werden durch das Licht von jedem von euch. Es braucht alle von euch, um auch dem Dunklen zu helfen, lichtvoll zu werden, meine Lieben. Und wenn ihr das schafft, das wird euch der VATER großartig belohnen. Dann kann so vieles geschehen! Dann werden sich Dimensionen verändern und eine großartige Gesinnung kann ihren Platz finden. Das Dunkle hat zwar immer noch viel Macht; aber auch diese Macht drängt es nach Hause, denn es ist etwas geschehen, meine Lieben, etwas Wunderbares ist geschehen:

Mein so innig geliebtes Liebes hat sich bereit gemacht, das Licht des VATERS noch einmal ganz stark auf die Erde zu bringen – das Licht des VATERS zu verbreiten, wo immer es geht. Und seid euch sicher, es geht weit, sehr weit, und wird immer stärker werden dürfen, je näher sie ihrer Bestimmung kommt – der Bestimmung, den Menschen Heilung zu bringen, Heilung für so viele, die keine Hoffnung mehr haben, jemals gesund zu werden, oder in ihrem Sein die Traurigkeit tragen, weil sie meinen, keinen Ausweg mehr zu sehen.

☆☆☆

Es wird nun noch kurze Zeit dauern, und ihr werdet wissen, was ich meine und von wem ich gesprochen habe. Sie ist auch jetzt schon sehr stark in ihrer Bestimmung tätig und tut dieses mit so viel Liebe und Demut zum VATER.

Sie wird auch da sein für die Kinder, denn seht euch die Kinder einmal genauer an. Es sind so viele zu euch gekommen, die das Wissen für die Neue Zeit schon in sich tragen und die wissend sind, wer sich hier auf Erden aufhält und worauf sie achten dürfen. Wenn die Zeit kommt, werden diese Wesen, eure Kinder der Zukunft, aktiv werden, und ihr werdet staunen, was es bedeutet, dass sie hier sind. Sie sind mit so viel Liebe in der geistigen Welt auf diese Aufgabe vorbereitet worden und sind voller Erwartung und Vorfreude auf ihr Wirken.

Aber diese Kinder können sich anders verhalten als ihr Erwachsene es gewohnt seid: Sie sind sehr eigen, sehr speziell, und wenn ihr euch diese Kinder anschaut, könnt ihr sehen, wie unendlich wissend sie euch ansehen oder wie ihre Augen euch anstrahlen, meine Lieben, mit einer Leuchtkraft, die das Licht des VATERS in sich trägt.

Seid nicht traurig, wenn sie in der Schule nicht so sind wie andere Kinder. Das wird sich ändern, sobald die Zeit da ist für ihr Wirken. Dann werdet ihr staunen und sehr, sehr glücklich sein. Diese Kinder werden euch helfen, die Neue Zeit willkommen zu heißen.

Freuet euch darauf, denn dann wird es Frieden sein hier auf Erden für lange, lange Zeit. Der Frieden, den ihr euch schon so lange wünscht, der Frieden und die Harmonie, die ihr in eurer Seele schon so lange kennt und die auf Erden noch nicht lebbar ist. Habt ihr gehört, ich habe gesagt *noch nicht* lebbar.

Diese „neuen" Kinder haben auch die Aufgabe, in euren Familien für Umbruch und Ordnung zu sorgen. Sie sind zu euch gekommen, um euch zu helfen, diese Zeit zu überstehen. Denn es wird nicht so einfach sein, einem jeden von euch so viel Licht zu bringen, wie es erforderlich ist, um eine gewisse Schwingung zu erlangen, damit das, was ich gesagt habe, erreicht werden kann.

Darum bitte ich euch, an euch zu arbeiten in der kurzen Zeit, die euch noch bleibt. Es ist nie zu spät, auf etwas Schönes hinzuarbeiten. Sei es, indem ihr Karma auflöst oder euch liebevoller um Kinder oder alte Menschen kümmert. Denn das müsst ihr wissen: Kinder und alte Menschen haben den besonderen Schutz des VATERS, und wer den missachtet, der handelt gegen die Gesetze des VATERS, das heißt, gegen die Liebe, die Er euch gibt für Wesen, die die Hilfe eines jeden von euch brauchen und die ihnen unter allen Umständen zu geben ist. Sei es mit guten, lieben Worten; sei es mit Zeit, um ihnen zuzuhören, denn auch das ist etwas, das ihr vergessen habt in all der Zeit.

Wenn ihr sehen könntet, wie viele von euch mir stundenlang zugehört haben, als ich bei euch auf Erden wandelte; ihr seid mir überallhin gefolgt, um meine Geschichten zu hören, die ich erzählte, um euch die Liebe des VATERS wieder näher zu bringen. Ja, auch das war eine meiner Aufgaben, euch die Liebe des VATERS wiederzubringen.

Diese Liebe tragt ihr alle in eurem Herzen. Ihr braucht ihr nur Nahrung zu geben, und sie wird aufgehen, sehr, sehr schnell. Fangt an, nach dieser Liebe zu leben, und es wird sich so vieles verändern dürfen, verändern in eine gute Richtung, die den anderen Menschen, die mit euch hier auf Erden sind, die Richtung weisen wird.

☆☆☆☆☆

DER WEG MEINES GELIEBTEN DU

Ich habe mir lange überlegt, ob ich das Folgende preisgeben soll oder nicht, denn unsere Liebe ist so rein, um von irgendeiner Seele beschmutzt zu werden. Aber seht, es ist Zeit, dieses nun zu tun, denn sie ist mit einem großartigen Auftrag hier auf die Erde gekommen: Um euch den Frieden, die Harmonie und vor allem die Liebe zu bringen, und dieses tut sie mit so viel Demut und Liebe für euch alle.

Nun, wir gehen noch einmal nach Atlantis zurück, meine Lieben. Auch dort haben wir eine wunderschöne Zeit miteinander verbringen dürfen, denn damals hat es mir der VATER überlassen, mir ein Wesen auszusuchen, ein Wesen, das die Reinheit hat, die den Vorstellungen des VATERS entspricht, denn der VATER wollte für mich ein Du finden, das all das in sich vereint, was sich der VATER wünscht, und doch hat er mir die Entscheidung überlassen.

Ich habe lange gesucht und alle weiblichen Wesen sehr genau beobachtet. Aber keine hat es mir angetan, und doch habe ich gespürt, dass da etwas ist, worauf ich warten möchte, denn die Zeit war noch nicht reif.

Bis ich ihr begegnete, diesem Wesen, das die Reinheit selbst war, wie kein Wesen jemals zuvor auf Atlantis, außer meiner Mutter Maria, die auch damals in Atlantis leben durfte, um sich auf die Zeit vorzubereiten, die wir zu meiner Zeit leben durften.

Dieses eine Wesen war wunderschön: Sie hatte langes blondes Haar und smaragdgrüne Augen, und eine so liebevolle Art, mit anderen Wesen umzugehen. Meine Gedanken waren nur noch bei ihr.

Die Zeit kam und der VATER wollte wissen, wie meine Entscheidung ausgefallen war. Seine Freude war sehr groß, als ich es Ihm kundtat, dass ich dieses Wesen zu mir holen wollte, um mit ihr eine Liebe zu leben.

Aber es kam anders, als ich es mir so sehr gewünscht hatte, denn dieses Wesen war in der Wissenschaft tätig und sehr, sehr forschungsfreudig, und das hat uns nicht viel Zeit gelassen, uns der Liebe so zu widmen, wie wir es beide gewollt hätten. Und dann kamen die Zeiten, die die anderen Wesen nutzten, um zu manipulieren. Sie haben sich so viel Wissen zu eigen gemacht, das von anderen war, und haben ihre Macht in der allerschlimmsten Art missbraucht.

Damals war auch meine große Liebe unter diesen Druck geraten. Ihr Wissen wurde ihr gestohlen, ihr Gehirn fast zerstört. Sie hat gesehen, was alles auf sie zukommen würde und daher ihr Wissen an andere weitergeben können, aber so, dass niemand etwas damit anzufangen wusste, weil so viele Schlüssel darin enthalten waren, mit dem Auftrag, ihr dieses Wissen in diesem, ihrem jetzigen Leben wiederzugeben. Da sie eine einzigartige Gabe der Hellsicht besaß, hat sie alle ihre künftigen Leben gesehen. Sichtig zu sein, war in Atlantis üblich, aber dieses Wesen hatte, da es so rein war, eine Sicht, die alles übertraf.

Die anderen Wesen wussten davon nichts, und somit

konnte sie ihr Wissen heimlich verteilen, um es in diesem Leben wiederzubekommen.

Ihr seht, auch bei mir war nicht alles so, wie es hätte sein sollen. Auch ich habe meine Reinheit verloren durch Wesen in Atlantis, die den Willen des VATERS nicht verstanden haben und nur an ihren eigenen Genuss und Profit dachten. Auch mein so innig geliebtes Du hat auf diese Art und Weise ihre Reinheit verloren. Damals haben sich viele Wesen genommen, was sie wollten, was auch immer es war.

Ich habe, traurig über dieses Ausmaß an Unverständnis, den VATER gebeten, dass er meinem Wunsch, nach Hause zu gehen, nachkomme, denn ich konnte die reine Liebe nicht mehr mit meiner großen Liebe leben, die Reinheit, zu der wir ausersehen waren. Ihr seht, sie hat dasselbe Schicksal erleiden müssen wie ich und die Reinheit nicht mehr leben können.

Die Wesen, die dann den Untergang von Atlantis bewirkt haben, haben sich damals so viel Karma aufgeladen, an dem sie noch heute zu tragen haben.

☆☆☆

Das zweite Mal, als ich auf die Erde kam, war es als Jesus von Nazareth.

Auch in diesem Leben wollten wir wieder zusammenkommen, aber auch in diesem Leben haben wir unsere Liebe nicht leben dürfen, denn ich hatte den Auftrag des VATERS zu erfüllen und konnte keine Familie haben.

Denkt, das wäre zu gefährlich gewesen, die Häscher hätten unsere Kinder getötet oder sogar meine so innig geliebte Maria Magdalena. Das wäre für mich viel schlimmer gewesen als alle Qualen am Kreuz. Es hat noch so vieles gegeben, was geschehen ist und was ich euch erzählen möchte.

Als ich auf mein Urteil wartete, hat sie sich für mich eingesetzt und gerufen: *Lasst Jesus frei, er hat euch nichts getan, er liebt euch so sehr.* Und dann, meine Lieben, dann ist etwas geschehen, das auch den Zorn des VATERS geweckt hat: Sie haben mein so innig geliebtes Du geschlagen, getreten und angespuckt. Das konnte ich nicht ertragen. Das war absolut unverzeihlich für mich.

Nun, die dieses damals taten, sind heute wieder hier auf Erden, um den Weg zurück in die Einheit zu gehen. Auch diese Wesen haben in der Zwischenzeit viele Leben gelebt und ihr Karma abgetragen, und ihr könnt mir glauben, das war nicht leicht!

Aber seht, wenn euer Karma gelöst wird, ist das eine große Gnade des VATERS, denn dann wird euch noch einmal bewusst gemacht, dass ihr euch auf die Neue Zeit vorbereiten könnt als freie Wesen, frei von Karma und den Fesseln der Vergangenheit.

Ich liebe euch so sehr.

Auch meine große Liebe hatte noch so viele Leben zu durchgehen, was sie aus freiem Willen getan hat.

Das waren auch viele Zeiten, in denen sie auf meine Liebe verzichten musste, denn der VATER hat sie nicht mehr auf die Erde schicken wollen. Aber sie hat ihn so sehr darum gebeten, dass sie ihrer Freundin helfen möchte, die damals auch das Ihrige dazu beigetragen hat, dass es in Atlantis so weit gekommen ist. Mein geliebtes Du hat dem VATER versprechen dürfen, ihre Freundin in das Licht zurückzuholen.

Aber sie hat dieses eine ganz lange Zeit tun dürfen ohne Unterstützung von der geistigen Welt, denn dieses war die Bedingung des VATERS; nur eine, die Verbindung zu mir, durfte noch aufrechterhalten werden. Aber so oft konnte ich meine Liebe nicht erreichen, denn sie war in der Dunkelheit, um ihre Freundin zu suchen, um ihr immer wieder Licht zu bringen. Sie ist in die tiefste Finsternis gestiegen, um dort mit ihrem Licht zu leuchten und den Weg nach Hause heller zu machen.

Das war nicht einfach, aber sie hat es geschafft, diesem Wesen so zu helfen, dass es die Dunkelheit überwinden und auf Erden weitergehen konnte Aber auch das war nicht immer einfach, denn oft war sie in ihrer Nähe, um helfend einzugreifen, wurde aber immer wieder zurückgestoßen, oder getötet oder gefoltert.

Auch das, meine Lieben, konnte ich fast nicht mehr ertragen, und ich bat den VATER, sie nun doch eine Zeit lang bei mir zu lassen, damit sie meine Liebe spüren konnte, aber das dauerte nur eine sehr, sehr kurze Zeit. Und ich möchte euch auch sagen, dass sich dann, in der geistigen Welt, unsere Energien zu unserem ersten Kind verbunden haben, denn das hat ihr geholfen, ihr Leben auf Erden auszuhalten und immer wieder in die Einheit zurückzukommen. Und ich, meinerseits, hatte etwas von meiner großen Liebe, das ich hüten und behüten konnte und das mir das Warten auf sie etwas leichter machte.

Die Zeit ging dahin, und die Leben waren nicht einfach für Maria Magdalena, denn ihre Freundin hat sich nicht immer helfen lassen können. Denn nach wie vor gab es dunkle Wesen, die sie benutzten, um von ihrem Licht, das sie sich wieder erarbeitet hatte, zu profitieren. Meine Liebste hat immer wieder viel Kraft gebraucht, ihr Licht ihrer Freundin zu geben, aber sie hat auch gewusst, wenn das Dunkle sich an dem Licht ihrer Freundin bediente, dass auch das Dunkle sich erhellen würde, und somit hat sie soviel Licht gegeben, wie es nur möglich war. Und nun ist das Dunkle nicht mehr so dunkel und hat etwas an Macht verloren. *Etwas*, habe ich gesagt, denn es gibt noch genug Dunkelheit, meine Lieben, die es zu überwinden gilt.

Bitte, seid euch bewusst, dass noch viele Wesen inkarniert sind, die zu Satan gehören, zu Luzifer, die ganz in eurer Nähe sind und jetzt noch ihr Unwesen treiben und versuchen, euch Energien zu nehmen. Aber seid euch sicher, das geht nicht mehr lange, denn die Zeit ist bald zu Ende.

Wenn die Erde sich gereinigt hat und viele Menschen nach Hause gehen dürfen, dann, meine Lieben, gibt es für solche Energien auf der Erde keinen Platz mehr. Der VATER hält einen Planeten bereit, der solche Energien aufnimmt, damit diese Wesen dort einen Entwicklungsprozess durchlaufen können. Und dann werdet ihr lange, lange Zeit auf Erden in Frieden und Harmonie leben können. Ja, das ist etwas, das der VATER euch in Liebe zur Verfügung stellt, um euch hier eine neue Möglichkeit zu geben, euch weiter nach Hause zu entwickeln.

Nun, und meine große Liebe wird euch dabei helfen, um euch in Liebe auf diesen Moment vorzubereiten. Und seid euch sicher, dieses tut sie mit großer Liebe zu euch und mit einer Selbstverständlichkeit, die unübertroffen ist. Denn sie hat von den Wesen aus Atlantis, die ihr Wissen gehütet haben, all ihr Wissen wiederbekommen. Der VATER hat die Erlaubnis dazu gegeben.

Aber vielleicht fragt ihr euch: Wozu brauchen wir dieses Wissen?

Nun, wenn die Erde sich gereinigt hat, wird meine Liebste all das neu für euch schaffen, das nicht mehr brauchbar ist, denn sie hat vom VATER die Gabe zu manifestieren bekommen. Das wird aber erst geschehen, wenn die Zeit dafür reif ist. Denn der VATER hält Seine Hand über diese Gabe. Eines Tages werdet ihr an meine Worte denken, denn es wird harte Arbeit sein, bis ihr wieder so weit seid, um euch in eine schöne Zukunft weiterentwickeln zu können. Da wird das Leben nicht mehr die Missachtung finden, wie es jetzt der Fall ist. Da werden die Kinder nicht mehr misshandelt, oder sogar getötet oder abgetrieben. Nein, da wird wieder Achtung sein dem Leben gegenüber, weil ihr durch diese Tiefen gegangen seid und wieder wisst, was es heißt, leben zu dürfen.

Und noch etwas möchte ich euch sagen: Der VATER hat meiner großen Liebe etwas mitgegeben, damit ihr sie erkennen könnt, wenn die Zeit dazu reif ist. Ihr werdet wissen, wovon ich jetzt spreche, wenn es soweit ist und sie zu wirken beginnt. Und dann wisst, dass es höchste Zeit ist, euch zu wandeln, denn sie wird nicht mehr lange auf Erden sein. Sie wird nur noch für kurze Zeit hier auf Erden manifestieren, um euch in der Neuen Zeit zu helfen.

Und dann werde ich mein so innig geliebtes Kleines nach Hause holen, nach Hause zu mir und unseren Kindern, die schon so lange auf ihre Mutter warten und voll Ungeduld diesen Augenblick vorbereiten, denn es wird ein großes Fest geben, wenn der Augenblick da ist, der ihr Kommen ankündigt.

Und dann, meine Lieben, werde ich sie nicht mehr alleine auf Erden lassen.

Aber sie wird eine ganze Zeit lang noch für euch weiter da sein. Sie wird euch besuchen und schulen von der geistigen Welt aus, mehr noch: Wir werden euch gemeinsam besuchen, – das verspreche ich euch!

☆☆☆☆☆

FLÜCHE UND IHRE AUSWIRKUNGEN

Ich möchte noch einmal auf die dunkle Seite zu sprechen kommen, und ich bitte euch von ganzem Herzen, das Dunkle nicht auszuschließen, denn dann wird es in den Fluss der Zeit eingebunden. Ich wünsche mir so sehr, dass auch diese Seite zurück nach Hause finden möge. Die Wesen im Nichtlicht merken, dass die Zeit, die ihnen bleibt, immer weniger wird und die Zeit des Lichts gekommen ist, denn dann gibt es nur noch einen Weg, der zu gehen ist.

Und der VATER möchte, dass alle Wesen, die so lange für das Licht gearbeitet haben, sich endlich ausruhen und auch einmal das genießen dürfen, wofür sie alle Jahre gearbeitet und worauf sie sich und die Erde vorbereitet haben. Denn seht, das Dunkle ist ja dadurch immer heller geworden, und viele von ihnen konnten schon gerettet werden und sind heute schöne, lichtvolle Wesen. Da der VATER aber einen jeden von euch wieder in der Einheit haben möchte, gibt es noch viel zu tun, denn erst wenn jeder Einzelne wieder bei uns ist, dann, meine Lieben, werden alle Glocken läuten und ein großes Fest beginnen. Und dann wird etwas geschehen, das unglaublich schön ist. Dann wird die Erde noch einmal einen großen Aufstieg erleben dürfen.

Es gibt da noch Wesen, die an der Spitze einzelner Staaten stehen und jetzt schon sehr unsicher sind, ob sie zum VATER zurück oder bei Luzifer bleiben wollen.

Luzifer ist auch nicht mehr so dunkel wie ihr alle vielleicht denkt; er hat schon einiges durchgestanden, das auch ihm den Weg nach Hause ermöglichen würde. Mit Hilfe von euch allen wird dieses eines Tages geschehen dürfen, aber euch erwartet harte Arbeit. Der VATER belohnt euch so sehr, wenn ihr in Seinem Namen arbeitet und auch diese Wesen auf das große Fest vorbereitet. Ihr denkt, *wie kann ich so etwas tun?* Diese Antwort werde ich euch gerne geben, meine Lieben: Indem ihr für das Licht arbeitet, indem ihr ein Leben in Liebe vorlebt und mit ganzem Herzen dem VATER gehört.

Ja, so einfach ist das, aber es ist manchmal nicht so einfach für euch, dazu zu stehen, dass ihr für den VATER arbeitet, und zu sagen: *Ja, ich bin auf VATERS Seite, und das, meine Lieben, bin ich!*

Die dunkle Seite möchte euch natürlich auf ihrer Seite haben, denn für sie ist jeder von euch wichtig, damit sie ihr Gleichgewicht halten kann. Aber bedenkt, wie lange das nun schon so geht. Es gibt überall Kriege und Machtmissbrauch und noch immer Menschen, die das Korn des Dunklen in sich tragen, sich dessen aber nicht bewusst sind. Und darum bitte ich einen jeden von euch, in sich zu gehen und nach diesem einen Korn zu suchen, denn es darf ein jedes Korn gefunden und auf einen Haufen gelegt werden, damit die Zeit, die ich euch gesagt habe, kommen kann. Und auch bitte ich euch, denen zu helfen, die es nicht finden wollen oder können, denn diese Wesen werden euch noch viel Mühe bereiten. Sie sind der letzte Halt des Dunklen, sein letztes Aufbäumen, um dann den Weg freizugeben, den es letztendlich freigeben muss.

Denn die Zeit ist nun gekommen, für die der VATER sein Versprechen gegeben hat, die Zeit des Lichts!

Und so habe ich an euch eine große Bitte: Versucht, diese dunklen Wesen immer wieder in Licht zu hüllen, in ein goldenes glänzendes Licht, in das Licht des VATERS. Und somit wird es euch eines Tages gelingen, meine Lieben, aus diesen Wesen lichtvolle Wesen zu machen.

Es passieren in eurer Zeit noch so viele Katastrophen und Kriege, die alle zur Reinigung sein dürfen. Bedenkt, die Menschen, die dort ihr Leben lassen, dürfen zur Umwandlung beitragen, um eine Reinigung auch ihrerseits zu erleben. Denn es gibt viele Wesen, für die nun die Zeit vorbei ist, hier zu sein; die ihren Auftrag, den sie in der geistigen Welt bekommen haben, nicht mehr erfüllen können oder wollen. Und für diese Wesen ist dann die Zeit auf Erden eine verlorene Zeit, und darum haben sie beschlossen, zurück in die Einheit zu gehen, um dann die Chance für einen Neubeginn zu haben und noch einmal zu versuchen, in einer neuen Inkarnation ihren Auftrag zu erfüllen.

Ich weiß, das ist nicht einfach zu verstehen, aber bitte versucht es, meine Lieben, denn alles hat einen Sinn, auch der größte Unsinn (wie ihr es nennt). Sei es, um euch wachzurütteln, sei es, um euch etwas aufzuzeigen, das sehr wichtig ist erkannt zu werden. Auch „Zufälle“, wie ihr sie nennt, gibt es nicht. Es ist nur ein Moment, der genau in diesem Augenblick richtig ist. Was auch immer geschieht, es ist richtig! Höret, was ihr hört; sehet, was ihr seht; und fühlet, was ihr fühlt, meine Lieben.

Denn dann, wenn ihr anfangt, euch wieder zu spüren,

zu spüren, was sich in euch verändert; zu hören, was euch gesagt wird, und zu fühlen, was euch gezeigt werden möchte, – dann werden euch wunderbare Welten aufgehen. Und dann habt ihr auch Ohren für den VATER und seid noch besser zu erreichen.

Und noch etwas zum Thema Hören, meine Lieben:

Ihr kennt so viele Worte, die die Veränderung anzeigen, und die genau zu beachten sind. Denn Energie, einmal ausgesprochen, ist im Umlauf nicht mehr aufzuhalten und landet irgendwo bei einem menschlichen Wesen und hat eine entsprechende Wirkung.

Und dasselbe gilt auch für Energien, die ihr losschickt, wenn ihr zornig seid oder euch mit übler Macht abgebt – ihr nennt es Flüche, Verwünschungen oder ähnlich.

Diese werden oft in einer Art und Weise ausgestoßen, die schon mit Hass in Verbindung stehen. Das ist eine üble Sache, denn diese Energien sind, wie gesagt, nicht mehr zu stoppen.

Denkt euch einmal nach Atlantis zurück. Das war der Anfang, denn da haben sich viele Wesen oft mit solch niederen Energien abgegeben haben, vor allem in der Endphase von Atlantis. Sie haben Flüche ausgestoßen, die Tiere betrafen, und so Wesen kreiert, die tier- oder monsterähnliche Gestalten hatten und ihren Platz über viele Tausende von Jahren nicht verlassen durften.

Diese Gebilde, die wie Geistwesen waren, haben sich entweder auf die Herzen der Wesen, denen sie aufgeflucht worden sind, oder an irgendein anderes Körperteil gehaftet, und sind dort bis heute geblieben. Ihr seht daran, wie unendlich stark diese Flüche waren. Die Atlanter waren sehr, sehr intelligente Wesen und haben sehr kreativ gearbeitet, auch in solchen Dingen. Nun, diese Fluchwesenheiten konnten sich nicht lösen, all die Zeit und noch weiterhin, bis sie endlich erlöst werden dürfen.

Auch das lässt sich mit Karmaauflösungen bereinigen.

Die Zeiten von früher waren ideal dazu, denn es waren harte Zeiten zu durchgehen. Als Atlantis unterging, war für die Menschen eine Zeit, die ihr euch als Rückschritt vorstellen könnt. Bedenkt, Atlantis lebte in der neunten Dimension und ihr in der vierten Dimension. Ihr dürft euch wieder hocharbeiten, bis die Erde in der fünften Dimension angekommen ist.

Damals haben viele dieser Wesen den Untergang von Atlantis nicht überlebt und all ihr Wissen mitgenommen nach Ägypten, wo sie wieder inkarniert sind.

Dort haben die Pharaonen eine große Macht ausgeübt, die sehr viele Wesen zu spüren bekommen haben. Und da sind wieder Flüche entstanden, die auch anhaftend waren. Wenn ihr nur denkt, wie besonders diese Menschen bereits gewesen sein müssen, um den Pharaonen dienen zu dürfen. Und nun denkt an die Gräber der Pharaonen, die haben bis in die heutige Zeit die Flüche gehalten, und es sind viele Gelehrte gestorben, die den Auftrag für die Aushebung der Gräber gaben.

Die Wesenheiten, die im Dienst der schwarzen Magie oder der dunklen Macht standen, waren sich sehr bewusst, was geschehen würde, wenn die Gräber geöffnet würden. Sie haben die Räume so präpariert, dass sich Bakterien bilden konnten, die einen tödlichen Ausgang garantierten – für die Wesen, die dazu bestimmt sind oder waren.

Denkt euch noch einmal nach Atlantis.

Da waren zum Beispiel zwei Wesen, die hatten Streit. Der eine flucht dem anderen etwas auf, was haften bleibt bis in alle Ewigkeit. Nun, diese Wesen gehen durch den Tod und werden wieder inkarniert in der Zeit von Ägypten. Es sollte so sein, dass genau die gleichen Seelen sich wieder trafen, so bestimmt, um das alte Thema aus Atlantis zu bereinigen. Aber dazu ist es in dem Leben in Ägypten nicht gekommen, denn dort gingen die Flüche weiter. Der eine wird als Pharao geboren, der andere als ein Arbeiter des Pharao. Diese beiden hatten keinen guten Start, denn der eine hatte zu viel Macht, der andere gar keine. Und das ist keine Grundlage für eine Auflösung bereits getätigter Flüche. Der Pharao, der den Arbeiter misshandelt hat, stirbt, und das andere Wesen, das nichts hat, der Arbeiter, verflucht ihn aus seinem Hass heraus, hat nun die Möglichkeit, die Wirkung der Fluchenergie zu verstärken. Der Arbeiter hat aber keine Ahnung von seinen Flüchen, die er einst in Atlantis getan hat. Der Arbeiter hat an der Pyramide zu tun, die die letzte Ruhestätte des Pharao wird. Und weil sich da wieder Hass und Wut breitgemacht haben, wird diese letzte Ruhestätte wieder mit ausgestoßenen Flüchen oder gedachten Fluchenergien beladen. Das alles hat seine Wirkung.

Nun denkt euch weiter. Da wird dieser Fluch getan, dass diese Seele, wenn sie wiederkommt, mit dem Tod bestraft werden soll. Ja, und ihr wisst, dass so lange eine erneute Wiedergeburt geschieht, bis alles, aber auch wirklich alles, rein ist, um in der Einheit zu sein.

Der Pharao und der Arbeiter sind nun wieder in der heutigen Zeit inkarniert. Da immer Ursache und Wirkung am Werke sind, wird dieses Mal zum Beispiel der ehemalige Pharao als Arbeiter geboren und der damalige Arbeiter als Wissenschaftler, der solche Gräber erforscht. Die beiden treffen sich auf diese Art und Weise wieder, beschließen, die Ausgrabungen oder die Öffnung oder Erforschung der Gräber der Pharaonen. Und es wird genau die Pyramide von damals sein.

Euch ist sicher klar, was da nun geschehen wird: Beide werden umkommen, weil Ursache und Wirkung am Werke sind: Der Pharao, weil er den damaligen Arbeiter so sehr misshandelt hat, dass dieser die Flüche ausgestoßen hat. Und der Wissenschaftler (Arbeiter des Pharaos), weil er die Flüche in der Zeit des Pharaos ausgestoßen hat.

Und deshalb meine Lieben, können die Menschen in der heutigen Zeit oft nicht verstehen, warum etwas geschieht. Sie suchen nach wissenschaftlichen Erkenntnissen und finden eine passende Erklärung. Aber der wahre Hintergrund, den kennen sie nicht – das Ausmaß der Energien, die ihre Wirkungskraft nicht verlieren. Das geht immer so weiter, bis ihr aufhört, solche Energien loszuschicken.

Allerdings seid ihr heute nicht mehr in der Lage, einem anderen solche Tierwesen als Fluch anzuhängen.

Diese Tierwesenflüche dürft ihr euch so vorstellen: Als winzig kleine bis sehr große Wesen, die euch auf irgendeine Art und Weise blockieren, die euch etwas immer wieder verderben oder nicht erreichen lassen, was ihr möchtet oder beruflich anstrebt. Ja, das gibt es wirklich.

Aber ihr habt nun immer mehr die Möglichkeit, diese Flüche in der Karmabearbeitung aufzulösen. Das ist ein großartiges Geschenk des VATERS, das er euch gegeben hat, um euch reiner zu machen und euch auf die fünfte Dimension vorzubereiten.

Das ist harte Arbeit, meine Lieben. Arbeit mit euch selbst, und es ist eine Gnade des VATERS, wenn ihr solche Menschen findet, die Karmaauflösung machen.

Bitte bedenkt: Diese Energien, die Flüche in sich tragen, umkreisen die ganze Erde, und Energie, die nie verloren geht, wenn ihr sie nicht erlöst und umwandelt in positive Energie, wird noch in vielen Tausenden von Jahren die Erde umkreisen. Und das wäre ein großer Energieverlust für die Zeit, die kommt. Aber auch solche Energien werden eines Tages eine Transformation erleben dürfen, aber sie sind noch immer da.

Und so bitte ich euch, keine solchen Flüche mehr auszusenden, sie bewusst zu unterlassen und anzufangen, bewusster zu sprechen, bewusster eure Gedanken zu denken und für die Zukunft solchen Energien keine Möglichkeit mehr zu geben, sich zu halten.

☆☆☆☆☆

MUTTER ERDE

Über die Liebe haben wir ja schon mehrfach gesprochen. Und diese Liebe schließt auch den Umgang mit der Natur ein.

Ihr esst zum Beispiel Gemüse, und ihr esst es hastig, schnell, ohne darüber nachzudenken, wo es herkommt.

Auch die Pflanzenwelt hält so viel Liebe für euch bereit, die sie wiederum in eure Körper fließen lässt, um euch am Kreislauf des VATERS teilhaben und euch die Liebe spüren zu lassen. Dieses werdet ihr verstehen dürfen, wenn ihr euch auch mit den Pflanzenwesen in Verbindung bringt, das heißt, bewusster zu leben beginnen würdet. *Ja, – was heißt das denn*, höre ich euch sagen, *dürfen wir denn gar keine Pflanzen mehr essen?*

Nun, meine Lieben, die Pflanzen haben vom VATER den Auftrag, euch zu dienen und mit euch gemeinsam zu wachsen und sich weiterzuentwickeln. Aber dieses heißt auch, dass wir ihnen einen gewissen Dank schuldig sind. Denn jede Pflanze hat auch einen Lebensnerv, den ihr durchtrennt, wenn ihr sie von den Wurzeln löst.

Sehet, so viele Wesen gibt es, die sich die Pflanzen einfach nehmen, anstatt sie zu bitten und ihnen zu sagen, dass ihr sie von den Wurzeln zu trennen habt, um als Nahrung für euch zu dienen.

Nun, die Pflanzenwelt weiß, dass es ihre Aufgabe ist, den Menschen auf diese Art und Weise zu dienen. Aber was ist schon das kleine Wort "Bitte“, das ihr aussprechen könnt. Bittet die Pflanze darum, denn sie lässt ihr Leben für euch, meine Lieben.

Genau so ist es mit den Tieren. Die werden wie Ware, die nichts wert ist, abgeführt und zum Teil auf eine sehr unwürdige Art und Weise getötet. Auch die Tierwelt hat die Aufgabe vom VATER bekommen, für euch als Nahrung zu dienen.

Aber seht, die Indianer oder Eskimos, die hauptsächlich von Tieren leben, sie haben den Sinn erkennen dürfen, denn dort wird nur ein Tier getötet, um als Essen oder für Kleidung Verwendung zu finden, und nicht sinnlos oder zu Profitzwecken und nicht im Übermaß. Denn sehet, bei euch sind die Schlachthäuser voll, und dieses nur, um einen guten Preis zu erhalten und nicht aus dem Bedürfnis heraus, weil der Hunger sich gemeldet hat und ihr satt werden wollt und sollt.

Dieses alles hat auch einen zweiten Hintergrund: Was glaubt ihr, warum so viele Menschen umkommen? Nun, das hat auch wieder mit Ursache und Wirkung zu tun, denn ihr könnt an den Tieren sehen, wie viel wert sie euch noch sind und wie schnell ihr bereit seid, diese treuen Freunde zu töten.

Nun, ich glaube, ihr beginnt zu verstehen, was ich meine, denn jeder, der sich hier auf Erden aufhält und Gedanken macht, müsste eigentlich sehen, was ich damit sagen möchte. Denn auch das ist zu bedenken: Solange ihr nicht den nötigen Respekt für Tier und Natur entwickelt, solange wird auch für die Menschen dieser Respekt fehlen, und somit geht der Ausgleich in eine ungute Richtung.

Liebe geben heißt auch, die Natur zu lieben, die Pflanzen zu behüten, zu schützen und zu akzeptieren, wie sie sich ausbreiten möchten, denn die Natur ist in der unberührten Natur am allerschönsten. Dort stimmt das Gleichgewicht von Geben und Nehmen. Die Tierwelt gibt den Pflanzen das, was ihnen hilft, sich weiter zu entwickeln; und die Pflanzen geben den Tieren Schutz, Nahrung und Essen. Ihr seht, dass dieses völlig in Harmonie sein könnte, würdet ihr es nur lassen und nicht denken, dass ihr da etwas zu verändern habt. Ihr dürft wieder dahin zurückfinden. Ja, zurückfinden, denn in der Neuen Welt, die dann sein wird, wird alles in Harmonie gebracht und Mutter Erde wird sich freuen und euch so vieles geben können, was in diesem Moment nicht möglich ist, weil ihr so sehr dem Geld nachjagt und nicht seht, wie erbärmlich die Erde, Mutter Erde, leidet. Sie leidet, wie nur eine Mutter leiden kann, die sieht, dass ihre Kinder, die sie genährt hat als ganz kleine Wesen von Anfang an, sie ausnutzen, ausbeuten, ohne Dank und Liebe auf ihr herumtrampeln und alles zerstören, was es zu zerstören gibt.

Denkt einmal nach, wie ihr jeden Tag beginnt und ihn beendet. Bei der Natur fängt die Liebe an, denn was ihr Mutter Erde geben könnt, werdet ihr doppelt und dreifach zurückbekommen, und groß wird die Ernte sein!

☆☆☆

Mutter Erde,
ich segne Dich,
ich sende Dir Liebe,
Licht und Dankbarkeit

Genau so verhält es sich mit eurem Wasser – das Elixier allen Lebens, dieses wundersame Element, das euch auf so viele Arten dient, wenn ihr daran denkt, dass ihr trinken, baden und noch vieles mehr könnt. Und was, meine Lieben, tut ihr? Ihr lasst Öl in die Gewässer laufen, ihr beschmutzt dieses wichtige Element mit euren Abfällen, die ihr loswerden möchtet. Auch das ist etwas, was Mutter Erde euch sehr, sehr übel nimmt. Wenn ihr die Achtung wieder erlangen könnt, die Achtung Mutter Erde gegenüber, dann werdet ihr auch wieder Achtung für das Leben haben, sei es ein Tier, sei es ein Mensch oder sogar ein Pflanzenwesen, denn auch dieses ist Leben, meine Lieben. *Ja*, werdet ihr sagen, *das wissen wir.* Nur muss ich euch dann fragen, wieso tut ihr nichts dagegen? Seht, wenn jedes menschliche Wesen etwas gegen den Missbrauch tun würde, wäre alles in Ordnung und alles in Harmonie.

Nun, ihr denkt, der andere müsste es ebenfalls tun. Das ist richtig, aber sehet, wenn ihr bei euch anfangt, zu kontrollieren, was ihr tut, dann werden eure Kinder es sehen und es ebenfalls tun. Und somit geht das auf ihre Kinder und Kindeskinder über und zieht immer weitere Kreise. Bitte, fangt an damit, denn der VATER gibt euch in der Neuen Zeit noch einmal die Gelegenheit, IHM zu zeigen, dass ihr nun gelernt habt, liebevoll mit Mutter Erde umzugehen und ein liebevolles Leben zu beginnen für alle.

Denn diese Liebesenergie, die dann entsteht, meine Lieben, wird auch wieder Kreise ziehen, und sie wird stärker und zu einem einzigartigen Kraftfeld werden, das keine

Kriege mehr zulässt und keine Disharmonien, die euer Glück stören könnten. Ja, das ist eine wunderschöne Zukunft, die auf euch wartet. Aber bedenkt, nicht alle Wesen werden es schaffen, diesen Zustand zu erreichen. Das ist leider so.

Der VATER schenkt euch Mutter Erde noch einmal, damit ihr mit ihr in eine neue Dimension gehen könnt. Und die dürft ihr euch verdienen, indem ihr zeigt, was in euch ist, um die notwendigen Veränderungen in Bewegung zu bringen. Und noch etwas: Ihr seid nicht alleine. Es sind so viele Engelwesen, die euch Hilfe geben, eine Hilfe, ohne die es nicht geht, weil eure Energie noch zu niedrig ist, um zu manifestieren und zu kreieren, so wie es in Atlantis der Fall war.

Die Liebe ist immer bei euch! Auch wenn ihr einmal nicht mehr auf dieser Erde wandelt, wird die Liebe weiter gelebt und geliebt. Auch in der geistigen Welt lebt die Liebe sehr stark, und ich muss euch sagen, dass diese Energie euch weiterbringt. Denn die Liebe, die wir bei uns leben, die zieht Kreise und berührt alle Planeten.

Die Liebe ist eine Energie, die mit noch so vielen Büchern nicht zu Ende geschrieben oder besprochen ist. Nun sagt mir, was wäre jedes Leben ohne die Liebe? Was wäre die Natur, wenn der VATER sie nicht mit SEINER Liebe immer wieder berühren würde?

DIE HOHENPRIESTERIN DER LIEBE

Da meine große Liebe, und ihr wisst es, wer sie ist, noch auf Erden wandelt, darf sie ein „Doppelleben“ führen, denn die Arbeit auf Erden und die Arbeit bei uns darf auf beiden Seiten getan werden. Sie hat dem VATER versprechen müssen, dieses auf sich zu nehmen und ihr Leben der Erde und der geistigen Welt zu weihen, denn wenn ihr euch einmal vorstellt, wie es ist, zwei Leben gleichzeitig zu führen, dann ist das eine großartige Leistung, und dieses jeden Tag: Mutter zu sein auf Erden und Mutter zu sein in der geistigen Welt, dem Intergalaktischen Rat anzugehören und planetarischen Frieden zu halten. Das ist harte Arbeit, die in der Nacht weitergeht, wenn andere friedlich schlafen.

Sie ist hier auf Erden, aber sie ist auch in der Einheit oft bei mir. Wenn sie sich auf Erden befindet, ist es so, dass sie dann etwas verwirklicht, was zu ihrem Auftrag gehört. Und wenn sie in der Einheit ist, hat oder gibt sie Schulungen für die Wesen, die wieder inkarnieren möchten und dürfen. Auch ist sie oft bei unseren Kindern und bei mir. Seht, was das für eine Leistung ist, denn sie ist immer aktiv, meine Lieben, da gibt es kein Ausruhen, die Zeit will genau eingeteilt werden.

Diese Seele ist einen langen Weg gegangen in all ihren Leben, von Atlantis bis in eure Zeit. Und auch sie hat eine Entwicklung durchmachen dürfen, die Entwicklung der Zeit, durch die ihr alle gegangen seid.

Ich möchte euch dieses etwas näher erklären.

Mein so innig geliebtes Du ist den ganzen Weg noch einmal gegangen für ihre so innig geliebte Freundin. Denn wie ihr schon wisst, hat sie die Meisterschaft längst erworben. Sie ist euch bekannt als *Nada*. Ja, ja, meine Lieben, ihr habt richtig gelesen. Sie ist bei euch, aber auch bei uns, denn ihr habt schon viele Botschaften von ihr bekommen, die sie gibt, wenn sie sich in der Einheit befindet. Sie gibt Wissen auf die Erde, das für euch so wichtig ist. Und sie wartet, bis sie sich mit ihrem Körper und Geist verbinden kann, um in der nächsten Zeit das zu bewirken und das zu wirken, wofür sie noch einmal auf die Erde gekommen ist.

Nun, wenn ich an meine große Liebe denke, so wird sie bald im Vordergrund stehen dürfen und müssen. Sie hat nun lange genug im Hintergrund gewirkt und ist für viele von euch zum Vorbild geworden. Das wird noch kurze Zeit so sein, und dann wird sie ihre Bestimmung leben, und das wird etwas Besonderes sein, meine Lieben. Ihr werdet wissen, was ich meine, wenn die Zeit dazu gekommen ist. Sie wird noch Großes vollbringen dürfen. Ihr alle werdet wissen, wer sie ist und zu wem sie gehört. Auf diesen Moment freue ich mich schon so lange.

Sie wird mein Werk weiterführen. Sie wird Menschen heilen, wie ich es getan habe, und sie wird euch in die Neue Zeit führen, so wie sie es dem VATER versprochen hat. Denn dann, wenn alles geschehen ist, – geschehen, wie der VATER es möchte –, dann wird sie ihren Auftrag erfüllt haben und in großer Liebe zu mir zurückkommen. In großer Liebe werde ich sie in meine Arme nehmen und, das sage ich euch, nie mehr aus meinen Armen lassen, denn unsere Liebe ist für die Ewigkeit gemacht.

Das ist in naher Zukunft, denn sie weiß, dass sie nicht mehr lange bei euch sein wird. Wenn ihr IHR begegnet, haltet euch vor Augen, was da auf Erden wandelt. Denn es ist ein großes Geschenk des VATERS, das ihr bekommen habt.

Und das sage ich euch, meine Lieben: Sie wird die Meisterschaft ihres Körpers erlangen, das heißt, sie wird mit ihrem Körper aufsteigen dürfen, so wie ich es damals getan habe, und so wie ihr alle, wenn die Zeit gekommen ist und ihr verstanden habt, worum es geht, es tun werdet.

Nun, meine große Liebe hat dieses schon einmal getan zu meiner Zeit. Ihr könnt euch sicher noch daran erinnern, was ich euch gesagt habe: dass die Steine sie nicht haben treffen können und der VATER ihr einen Lichtstrahl geschickt hat, um sie nach Hause zu holen.

So wird es dieses Mal auch wieder sein. Aber es wird noch etwas anderes geschehen dürfen: Ich werde da sein, um meine so große Liebe in meine Arme zu schließen, und alle werden dieses sehen, denn ob ihr in Deutschland oder in Australien seid, werdet ihr sehen, wenn mein Glück den Weg nach Hause gehen wird. Wir sind auf ihr Kommen vorbereitet, denn dann werden bei uns und bei euch alle Glocken läuten, auf der ganzen Erde. Das wird ein großes Fest sein.

Und wir werden euch zusammen auf Erden besuchen. Nein, nicht in einer Inkarnation, nein, wir werden euch auf Erden erscheinen und uns materialisieren, damit wir so sind wie ihr, und wir werden euch schulen dürfen. Freuet euch, meine Lieben, freuet euch, denn wenn die Erde ihren Schüttelprozess überstanden hat, dann werden noch viele solche Dinge geschehen.

☆☆☆

Ihr sucht alle so sehr nach dem Heiligen Gral. Ja, der ist unter euch und sehr nahe. Sehet, damals hat der VATER in weiser Voraussicht ihn zu sich genommen. Nein, nicht so, wie ihr es euch denkt. Er hat ihn für euch unsichtbar werden lassen, um Missbrauch von ihm fernzuhalten.

Mein VATER hat vor langer, langer Zeit den Heiligen Gral meinem so innig geliebten Du gegeben, denn die Reinheit ihres Wesens und die Reinheit des Wesens des Grals sind eine Harmonie; es hat eine Verschmelzung gegeben, die bis heute erhalten geblieben ist. Das ist ein großes Geschenk, das der VATER euch nun wieder gibt, denn sie wird bald wieder mit dem Heiligen Gral Kontakt aufnehmen. Und sie wird ihn wieder sichtbar machen, wenn die Zeit für euch reif ist, ihn zu sehen. Maria Magdalena, meine große Liebe, wird ihn bald sehen dürfen und daraus trinken. Und wenn das geschehen ist, wird das Licht des VATERS über euch sein, und ihr werdet alle aus ihm trinken dürfen. Dann findet eine großartige Transformation statt, die neue Zeit wird beginnen.

Auch unser geliebtes Atlantis wird steigen dürfen und

für viele ausgesuchte Wesen wieder eine Heimat sein. Das Herz von Atlantis wird erneut zu schlagen beginnen, und von dort aus werden wir der Erde helfen, dass ihre Entwicklung in eine gute Richtung gehen kann und darf. Denn die Wesen, die damals auf Atlantis gelebt und gewirkt haben, haben nie aufgehört zu wirken. Und sie haben nun die Anweisung bekommen, Atlantis auf die Neue Zeit vorzubereiten. Es wird steigen, wenn sich Mutter Erde bewegt und sich frei macht von allem Unrat, der so schwer auf ihr lastet.

Ihr könnt sehen, dass sich alles auf das Kommende vorbereitet. Es ist nicht mehr aufzuhalten. Lasset geschehen, was und wie auch immer es geschieht, denn es ist euer Werk, das nun geschieht. Ihr habt lange genug Zeit gehabt, es zu verändern, und habt es immer noch. Wenn ihr doch endlich begreifen würdet, dass die Liebe ein Zauberwort ist, die wahre Liebe, die ihr endlich annehmen dürft als ein großartiges Geschenk des VATERS!

☆☆☆☆☆

DER AUFSTIEG DER SEELEN

Es gibt sehr, sehr hohe Seelen, so wie meine große Liebe, die der VATER für euch auf die Erde geschickt hat, um euch Hilfe zu geben. Diese Seelen sind hohe Lichtwesen, die oft, wenn sie sich unbeobachtet fühlen, sehr traurig aussehen, denn sie tragen in ihrer Seele das Wissen, nicht von der Erde zu sein, und ihre Sehnsucht, in die Einheit zurückzukehren, ist sehr groß, ist das Leben hier auf Erden doch ein so großer Gegensatz zu dem, was sie kennen in der Einheit. Diese Wesen geben euch immer wieder die Richtung an, sei es in ihrer liebevollen Art, wie sie mit Kindern, alten Menschen oder mit Tieren und Pflanzen umzugehen wissen. Beobachtet sie nur gut, diese Wesen, sie sind sehr empfindsam und stehen nicht gerne im Vordergrund, obwohl sie oft eine Aufgabe haben, im Vordergrund zu wirken.

Aber so, wie es hohe Seelen gibt, gibt es auch andere Wesen, die keine Seele haben.

Und das sind noch Auswirkungen von Atlantis, denn gegen Ende der Zeit von Atlantis haben sich viele Wesen der Macht bedienen wollen, die nur dem VATER zusteht. Dort sind viele Versuche gemacht worden, die nicht im Sinne des VATERS waren, – Versuche, Menschen zu klonen oder menschenartige Wesen zu züchten, die sich fast wie Roboter bewegten, aber doch Mensch waren. Solche Wesen haben sich in der langen Zeit auch weiterentwickeln dürfen, aber sie sind immer noch ohne Seele, weil die Wesen in Atlantis nicht fähig waren, ihnen eine solche zu geben. Das sind traurige Wesen, die seelenlos herumirren und nicht wissen, wozu sie eigentlich da sind.

Es sind wieder viele Wesen von damals unter euch, die diese seelenlosen Wesen geschaffen und mit solchen Wesen wieder Kontakt haben, weil Ursache und Wirkung sich wiedergefunden haben. Seht, so einfach ist das, meine Lieben. Diese seelenlosen Geschöpfe sind unter euch und versuchen, es euch gleich zu tun. Ihr könnt sie erkennen: Sie zeigen fast keine Regung in ihren Gesichtern und sind kaum aus der Fassung zu bringen. Ich könnte noch mehr aufzählen, aber ich möchte, dass ihr diesen Wesen helft, weiterzukommen, denn jene, die solche Wesen erzeugt haben, werden für sie bitten dürfen.

Und eines möchte ich euch noch sagen: Der VATER hat jedem dieser Wesen die Chance gegeben, sich eine Seele zu verdienen, und das ist eine große Freude für uns. Einigen ist es schon gelungen. Es ist ein weiter Weg, den ein solches Wesen zu gehen hat, bis es eine Seele bekommt, aber die Wege dafür stehen ihnen offen.

Nun zu euch, die ihr eine Seele habt: Seht, die Seele eines jeden von euch ist vollkommen und wunderschön. Ihr dürft sie euch als eine lichtvolle Form oder Energie vorstellen, die verschiedene Farben hat und auch Klänge, denn jedes Wesen hat seine Farbe und seinen Klang. Je nach Stand, wie weit sie schon entwickelt ist, ist diese Seele auf ihrem Weg mehr oder wenig weit fortgeschritten, um sich wieder zu dem zu entwickeln, was sie in Wirklichkeit ist: ein wunderschönes Wesen. Aber da jeder von euch diesen Ganzwerdeprozess durchgehen darf und wird, darf die Seele sich erst wieder im Lauf der Zeit zu diesen Farben hinentwickeln, denn ihr habt damals so vieles verloren, was ihr euch erst wieder erarbeiten dürft.

Das ist ein wunderschöner Prozess, durch den ihr da geht. Wenn ihr sehen könntet, wie lichtvoll und voller Farbe und Klänge diese Wesen sind und wie wunderschön es ist, zu sehen, wenn ihr auf Erden wieder rein werdet, wie die Seele eines jeden von euch immer mehr an Farbe und Klang zunimmt, – dann würdet ihr viel mehr anstreben, diesen Zustand wieder zu erlangen.

☆☆☆

Nun zu den Aufgestiegenen Meistern:

Diese Seelen, die damals in Atlantis rein geblieben sind und es geschafft haben, Zeit und Raum zu überwinden, haben dem VATER versprochen, die Schulung von euch Menschen zu übernehmen, um euch immer wieder daran zu erinnern, woher ihr seid und welchen Auftrag ihr zu erfüllen habt. Sie haben es also übernommen, euch wieder auf den Weg zu bringen. Seht, es werden nicht alle Wesen geschult von den Meistern, aber die, die einen bestimmten Auftrag zu erfüllen haben, die schon – und diese werden immer wacher. Manche von ihnen sind schon lange wach und bereiten hier auf Erden gemeinsam mit den Meistern die Menschen vor, um endlich den Auftrag des VATERS anzugehen.

Ich weiß, das ist nicht so einfach zu verstehen, aber ich möchte euch auch sagen, dass viele Meister hier auf Erden inkarniert sind mit vollem Bewusstsein. Wenn euer Energiefeld offen ist für diese Art von Energie, können sie euch auf wellenartigen Schwingungen schulen, die euer Energiefeld empfangen kann, um euch dorthin zu bringen, wo ihr eure Bestimmung anfangen könnt zu leben.

Nun, meine Lieben, seid bereit dazu, solche Schwingungen aufzunehmen. Geht in euch und erkennt die, die ihr seid. Und dann geht es für euch weiter und weiter, und ihr nähert euch mehr und mehr eurer Meisterschaft. Denn es ist immer noch möglich, als Meister aufzusteigen, und es ist euch nie so einfach gemacht worden wie in der Zeit, in der ihr jetzt lebt.

Diese Meister, die bei euch auf der Erde sind, haben im Stillen gewirkt, und sind in großer Liebe zu euch ein ganz großes Stück des Weges mit euch gegangen, um eurer Energiefeld langsam zu öffnen. Das heißt, ihr seid durch sie darauf vorbereitet worden, sei es in einer Art Schulung (Kurse) oder als Lehrer in der Schule; es gibt Meister, die sich bis in die Schulen vorgearbeitet haben, um schon euren Kindern die Richtung zu geben, aber sie haben sehr vorsichtig sein müssen und oft im Hintergrund gewirkt, weil euer eingefahrenes Schulsystem etwas anderes nicht zugelassen hat. Das wird nun bald vorbei sein, denn die Schulen, die ihr heute habt, werden veraltet sein. Es wird nicht mehr nötig sein, die Kinder so zu unterrichten, wie es gerade in der jetzigen Zeit geschieht.

Ich sage euch, viele von euch werden den Weg nach

Hause antreten dürfen – entweder, weil sie es verdient haben, nach Hause zu gehen, oder weil sie es verwirkt haben, noch länger auf der Erde zu wandeln und zu lernen. Und genau dazu möchte ich euch ein Beispiel geben:

Ein junger Mensch hat sich beim VATER die Aufgabe geholt, seine Mutter oder seinen Vater auf Erden zu begleiten und sie bzw. ihn wieder auf den rechten Weg zu bringen. Weil dieses aber sehr, sehr schwierig werden könnte, hat der VATER ganz in die Nähe ein Lichtwesen gesetzt, sozusagen als Unterstützung für dieses junge Wesen. Ihr dürft euch vorstellen, dass das geistige Potenzial des jungen Wesens noch nicht ganz erwacht ist, oder es möchte noch nicht wirken, oder es sieht, dass es fast hoffnungslos ist, jemals seinen Auftrag zu erfüllen. Es zieht sich zurück und beginnt, die Einsamkeit zu leben. Nachts wird es zu uns geholt, um für den nächsten Tag wieder geschult zu werden. Wisset, wir geben jedem Wesen hier auf Erden jede erdenkliche Hilfe, wenn es bereit ist, diese anzunehmen.

Nun, in meiner Geschichte hier findet sich das junge Wesen nicht mehr zurecht und beschließt, sich noch mehr zurückzuziehen. Die Mutter oder der Vater sieht es nicht oder will es nicht sehen, dass da ein Wesen ist, das nach Liebe schreit, das sich nicht mehr zurechtfindet und nicht verstehen kann, wie ein Elternteil sich sein Leben organisiert. Da sind falsch verstandene Liebe, Sich-selbst-verachten und Nichtliebe ein großes Thema. Und während es sich opfert und ausharrt und sich selbst bemitleidet, sieht dieses Wesen nicht, dass alles um es herum zugrunde geht.

Der junge Mensch muss in der Nacht Schulung bekommen und Motivation, diesen seinen Auftrag zu erfüllen, denn wenn er das nicht tut, werden ihm in immer neuen Leben Aufgaben zufließen, bis er diesen oder einen ähnlichen Auftrag bewältigt hat und er weiter seine Entwicklung durchleben kann.

Aber wenn ein so junges Wesen den gewaltsamen Weg nach Hause wählt wegen eines Wesens, das alles blockiert, dann entsteht neues Karma, das der Auflösung bedarf.

Manch einer der Aufgestiegenen Meister ist hier, um gerade einem solchen Wesen Schulung und Unterstützung angedeihen zu lassen, damit es seinen Weg findet und in eine andere Richtung gehen kann.

Ihr Menschen macht euch oft das Leben schwer, denn es ist im Sinne des VATERS, dass ihr euch gegenseitig unterstützt und helfend zur Seite steht, um gemeinsam wieder zum VATER zurückzukehren und nicht zu verzweifeln, weil die eine Seite es nicht sehen kann oder nicht sehen will und es harte Arbeit an sich selbst ist, meine Lieben. Ja, die eigene Lebensschulung ist harte Arbeit, aber bedenkt, was für einen großartigen Lohn ihr bekommt, wenn ihr erst wieder im Hause unseres VATERS seid.

☆☆☆

Nun, gegen Ende von Atlantis wurde das Leben auch für die Meister immer schwieriger, denn es war viel Neid, Hass und Eifersucht im Spiel. Seht, damals hat es geniale Wesen gegeben, die für die Wissenschaft Enormes geleistet haben und viel weiter waren als ihr es jetzt seid. Wenn ihr nur an eure Computer denkt! Die hatte man damals auch, aber viel präziser und viel komplexer in der Ausführung.

Ja, und dann ist die ganze Sache eines Tages gekippt und hat sich in eine ungute Richtung entwickelt. Die Lage war der heutigen sehr ähnlich. Ihr bewegt euch wieder auf dasselbe zu, dem Untergang entgegen, wenn ihr nicht endlich aufwacht. Habt ihr noch nicht genug von all den Kriegen oder dem Rassenhass, der immer mehr überhand nimmt? Es ist wie ein schleichender Schatten des Dunklen, dem ihr die Macht überlasst, größer und größer zu werden. Nun haltet ein!, und beginnt, Licht in die dunkle Seite zu bringen.

Steht auf und sagt, dass ihr Frieden wollt, denn es braucht jeden Einzelnen von euch, um dieses kundzutun. Ich verspreche euch, die Zeit wird kommen, wo Friede und Harmonie in jedem von euch ihren Platz einnehmen werden. Und wenn ihr euer Denken auf diese Zeit einstimmt, werden Tor und Türen aufgehen, und ihr und eure Kinder könnt in eine wunderschöne Zukunft sehen.

Damals, in Atlantis, haben die Meister alles zum Untergang vorbereitet. Die einen sehr bewusst, die anderen unbewusst, denn die eine Seite konnte es nicht vertragen, wenn die andere Seite einen Erfolg erlebt oder etwas erfunden hat, wonach die andere Seite schon lange gesucht hatte.

Sie haben sich gegenseitig die Formeln gestohlen und als die ihren ausgegeben. Das gab es schon damals. Ihr werdet euch fragen, wie konnte dieses geschehen, denn sie waren doch viel höher entwickelt als ihr es seid im Jetzt. Das stimmt, aber seht, das dürft ihr euch so vorstellen:

Am Anfang von Atlantis war alles noch in Ordnung und die feinstofflichen Wesen haben für den VATER gearbeitet. Sie haben sich mit anderen Planeten und deren Energien ausgetauscht, und somit war jeder für jeden da, um ihn in seiner Entwicklung zu unterstützen.

Da ist ein junges, männliches Wesen von Antar zur Erde gekommen, um Energien zu bringen und eine andere Art von Energie für seinen Planet mitzunehmen. Dieser Austausch ging eine ganze Zeit lang gut, bis ein Wesen von Atlantis ihm den Weg zurück in sein Raumschiff versperrte, und das Wesen von Antar nicht mehr die Möglichkeit hatte, nach Hause zurückzukehren. Das hat fast einen Krieg der Sterne ausgelöst, denn das Wesen war der Sohn eines Herrschers, und der hat das nicht auf sich beruhen lassen. Das weibliche Wesen, das den Weg versperrt hat, hat noch so manches in Bewegung gebracht, das nicht hätte sein müssen. Aber es waren ihre Unzufriedenheit und ihr Leben ohne Liebe, das sie veranlasst hat, sich so dem jungen Manne gegenüber zu verhalten. Denn da war etwas, das der junge Mann hatte, was er ihr nicht geben wollte, das zwar für die Wissenschaft bestimmt war, aber nicht für die Seite, zu der die junge Frau gehörte. Das wurde dem jungen Mann zum Verhängnis.

Schon damals waren also Hass, Neid, Missgunst am Werk. Aber bedenkt, das ist damals die neunte Dimension gewesen. Und durch all dieses Geschehen haben sich die Wesen immer mehr verdichtet, das heißt, sie waren am Anfang sehr feinstoffliche Wesen und sind gegen Ende von Atlantis immer grobstofflicher geworden. Und sind somit immer tiefer gesunken, bis in die dritte und vierte Dimension, wo ihr jetzt seid.

Ihr habt einen Entwicklungsprozess durchlaufen und geht nun in die fünfte Dimension, aber auch dieses wird noch ein Prozess sein, den ihr zu durchgehen und zu durchstehen habt, meine Lieben. Ihr dürft euch Stück für Stück zurückholen, was ihr schon einmal gehabt habt. Der VATER hat euch noch einmal eine Chance dazu gegeben. Ihr habt unglaublich viel verloren und seid so tief gesunken, aber ihr bewegt euch wieder nach oben, und das ist etwas, worauf ihr euch freuen könnt. Ihr kommt euerem Zuhause immer näher, und der VATER hat große Freude, dass das so ist.

Die Meister von damals haben ihren Aufstieg machen können, weil sie noch feinstofflich genug waren und noch nicht so erdgebunden; allerdings nicht alle. Denn es sind auch viele unter euch, die es damals nicht geschafft haben, Zeit und Raum zu überwinden.

Und so sind viele Meister da, um euch freiwillig zu schulen und euch wieder nach Hause zu führen, nach Hause zum VATER. Und das tun sie mit großer Hingabe und Liebe, denn das bedeutet auch für sie ein Weiterkommen. Das alles ist harte Arbeit, denn bedenkt, ihr seid nicht so einfach zu lenken wie damals in Atlantis, denn bei euch ist das Dunkle wieder sehr groß und hat viel Macht, die es einsetzt, um euch auf seiner Seite zu halten.

Darum bitte ich euch, werdet lichtvolle Wesen, die das Wissen einer wunderschönen Zukunft in sich tragen, der ihr nun entgegensehen dürft und die euch schon jetzt liebevoll willkommen heißt.

☆☆☆☆☆

DER HEILIGE BLAUE BUND

Das, meine Lieben, ist der Bund des VATERS, den ER geschlossen hat mit uns.

Nun, ganz am Anfang war es VATERS Wunsch, meine Mutter, mein so innig geliebtes Du und mich in diesem Bund zusammenzuschließen. Denn sehet, wir drei sind aus einem Stück gemacht, aus einer Energie, die der VATER für das, was wir sind, kreiert hat. Und aus diesem sind Mutter, Sohn und sein Du entstanden.

Das war am Anfang eine Energie, die die Reinheit des HÖCHSTEN enthält. Und diese Energie hat angefangen, sich zu manifestieren und zu arbeiten, denn es hat alles durchgangen werden müssen und dürfen, und so hat jeder auf seine Art und Weise sich entwickeln dürfen. Sehet, auch auf Atlantis waren wir drei zusammen, in unterschiedlicher Art und Weise, nur dass mein so innig geliebtes Du schon mit mir zusammen war. Damals hatten wir keine Kinder, denn es war noch nicht der richtige Zeitpunkt dafür, aber unsere Entwicklung hat die Zukunft schon vorbereitet, denn der VATER hat gesehen, dass wir füreinander geschaffen waren. Damals hatte ich mir ein Wesen aussuchen dürfen, was den anderen nicht zugestanden worden war, denn der VATER hatte jedem Wesen ein passendes Du gegeben. Ich hatte VATERS Liebe, selbst zu entscheiden, was mein Wunsch für die Ewigkeit sei, denn ich hatte auch die Sicht und konnte sehen, was alles auf mich zukommen würde. Ich habe lange gesucht, bis mir schließlich ein Wesen zugeführt wurde. Ja, ich habe es euch schon gesagt: Der VATER hat ein wunderschönes Wesen mit langen blonden Haaren und smaragdgrünen Augen in meine Nähe gebracht. Dieses Wesen hatte die Reinheit, die ich so lange gesucht hatte. Ihr könnt euch nicht vorstellen, wie glücklich ich war, als mein größter Wunsch in Erfüllung ging, endlich ein Wesen zu haben, dem ich alles mitteilen konnte und das mich verstand. Nun ja, der VATER hat weise gehandelt, denn wir sind aus derselben Energie gemacht, und wir haben eine wunderschöne Liebe wachsen lassen, eine Liebe für alle Zeiten und Ewigkeiten.

Damals waren wir beide in der Wissenschaft tätig, und mein so innig geliebtes Du war sehr erfolgreich und sehr forschungsfreudig. Sie hat sehr viel Zeit mit der Wissenschaft verbracht und somit ist nicht viel Zeit für unsere Liebe geblieben, denn das, was sie erforschte, war für Atlantis sehr, sehr wichtig. Denn sie hat gesehen, dass das Wissen von Atlantis einmal wieder hochkommen und das Wirken von vielen Wesen dort wieder sein würde.

Ihr habt richtig gehört: Atlantis wird steigen und wieder vielen Wesen eine Heimat sein. Es wird das Herz der Erde sein, – das wird sein, meine Lieben, wenn die Neue Zeit bei euch beginnen kann und darf.

Das alles war ihr bewusst, und sie hat auch die Zeit gesehen, in der nicht mehr viel da sein würde, denn der Untergang war schon bestimmt. Das alles musste manifestiert werden, um in der Neuen Zeit sein Wirken zu haben, und somit war die Zeit für unsere Liebe sehr, sehr wenig. Als die Zeit gekommen war und sich ein anderes Wesen meiner bediente und mich mit bestimmten Symbolen außer Sinne setzte, da war mein Sein auf Atlantis verwirkt, denn ich konnte die Reinheit mit meinem Du nicht mehr leben. Und damit war der Sinn dieser Reinheit, die wir brauchen, um in der Ewigkeit zu wirken, verloren.

Damals habe ich den VATER gebeten, dass er mich nach Hause holt, um dort meine nächste Inkarnation vorzubereiten.

Mein so innig geliebtes Du hat noch eine Zeit auf Atlantis ausharren dürfen, denn sie hat bis zum Schluss dort ihr Wirken gehabt.

Aber nicht nur ich habe meine Reinheit verloren, nein, auch mein liebes Du ist auf dieselbe Art und Weise um ihre Reinheit gekommen. Sie war so schön und so begehrt, aber sie hatte nur Augen für mich und die Wissenschaft. Und das konnten die anderen nicht verstehen, denn sie hat keinen anderen gewollt. Auch nach meinem Tod ist sie alleine geblieben und hat einen unschönen Tod erlitten. Und das hat sie alles in ihrer Sicht gesehen, *alles*.

Wir durften uns wieder begegnen in der geistigen Welt und haben unsere Liebe dort gelebt, bis die Zeit gekommen war und VATER Seinen so innig geliebten Sohn auf die Erde gesandt hat, um euch SEIN Licht zu bringen, SEIN Licht. Dafür hatten so viele Menschen gebetet! Das war der Beginn von so vielem, meine Lieben, denn die Menschen waren sich nicht immer einig, auf welcher Seite sie nun stehen wollten. Sie haben das Licht des VATERS zurückgestoßen und missachtet. Ich bin meinen Weg gegangen und habe viele Wesen gelehrt, den Weg des

VATERS zu gehen und zu verstehen, und in Liebe zu allen Wesen habe ich so vieles auf mich genommen. Ich durfte meine große Liebe wieder bei mir haben, der VATER hat sie mir als Begleitung mitgegeben. Meine so innig geliebte Maria Magdalena war in meiner Nähe, und meine Liebe zu ihr war übermächtig und rein in ihrem Sein. Aber ich durfte mich ihr nicht nähern, denn damals wäre das sehr gefährlich gewesen. Und wenn wir Kinder gehabt hätten, hätten diese in der Zeit keine Lebenschance gehabt, weil die Menschen so voll Hass waren und meine Familie mit Sicherheit umgebracht hätten. Das wollte ich nicht, denn das hätte den Zorn des VATERS noch mehr entfacht. In dem Wissen, dass wir uns in der geistigen Welt wieder haben würden, haben wir beschlossen, alles in Liebe zu ertragen und dem VATER immer wieder die Bitte zu bringen, nicht allzu streng mit den Menschen zu sein, denn sie waren so verblendet und voller Hass und Missgunst, dass sie nicht haben sehen können, welches Geschenk da auf Erden für sie lebt, um es ihnen leichter zu machen. Der VATER hat ihnen Hilfe geben wollen, um ihr weiteres Sein zu erleichtern.

Das Ende der Geschichte kennt ihr, denn mein Weg endete am Kreuz, um eure Sünden zu erlösen. Das, meine Lieben, habe ich auf mich genommen.

Nur eines konnte ich nicht verzeihen: Ihr habt meine große Liebe geschlagen und angespuckt. Diese Wesen, die das damals getan haben, sind wieder unter euch und haben sehr schwer gebüßt dafür. Und jetzt ist die Zeit gekommen, um alles in Liebe umzuwandeln, denn sie werden meiner großen Liebe wieder begegnen dürfen, und das wird ein Erkennen auf beiden Seiten sein. Sie werden nun die Möglichkeit haben, ihr zu sagen „Verzeih mir“, und auf das, meine Lieben, warte ich schon so lange, denn dann werde ich es auch können, sie in Liebe wieder zu mir zu nehmen und ihnen zu verzeihen, was sie meiner großen Liebe angetan haben. Das war das Schlimmste, was ich erlebt und erlitten habe. Nicht die Marter am Kreuze, nein, die Liebe, meine große Liebe, die ihr mit Füßen getreten habt, das waren die schlimmsten Schmerzen, die ich durchlitten habe.

☆☆☆

Nun wieder zurück zu dem Heiligen Blauen Bund:

Seht, damals zu der Zeit, als ich als Jesus hier auf Erden gewandelt bin, haben viele Menschen mich sehnlichst erwartet, denn die Zeit der Unterdrückung und Folter sollte ein Ende haben. Das war für den Moment noch nicht so, aber ich durfte einen Samen in jedes Herz setzen, das offen war, ihn zu empfangen, denn ich habe damals gewusst, dass es sehr lange dauern würde, bis der Samen aufgehen würde. Es ist nicht bei jedem gleich schnell gegangen. Viele sind nun schon wieder in der Einheit und haben verstanden, was der Sinn des Ganzen war, aber nicht alle.

Aber meine große Liebe wird es euch sagen, wenn die Zeit reif ist, dass ihr es alle wissen dürft und müsst, denn es wird wie ein großer Schlüssel sein, der auch die Tür öffnet für euer Weiterkommen.

Nun, der Blaue Bund ist ein sehr heiliger Bund, und so manch einer von euch ist Teil dieses Bundes.

Bedenkt, meine große Liebe ist in vielen Leben hier auf Erden gewandelt und hat immer wieder Familie gehabt und natürlich auch Kinder. Dieses musste ich alles ertragen, weil diese Kinder, die auch Lichtpunkte auf der Erde waren und somit im Blauen Bund als Engelwesen aufgenommen werden konnten, haben in der Einheit geschult werden dürfen und haben dem VATER versprechen müssen, dass sie hier auf Erden so viele Male kommen, wie es notwendig sein wird, um alles in Bewegung zu bringen, was meine große Liebe dem VATER versprochen hat zu bewegen, um ihre Zeit, die bald kommen wird, zu vollenden.

Ja, ich weiß, es ist ein bisschen schwierig zu verstehen, aber bitte denkt darüber nach.

Alle diese Wesen, die sich bereit gemacht haben, um ihr auf Erden zu helfen, bekommen den Lohn des VATERS, in den Heiligen Blauen Bund aufgenommen zu werden. Das ist eine große Auszeichnung. Meine große Liebe hat alle diese Kinder in großer Liebe auf ihre Aufgaben vorbereitet, und diese Kinder hatten auch wieder Kinder, die ebenfalls Lichtpunkte waren. Und so wurde die Erde immer lichtvoller, und das Dunkle musste weichen, ob es wollte oder nicht.

Auch die dunkle Seite hat dann angefangen, sich zu vermehren und dunkle Punkte zu setzen. Ich habe euch schon gesagt, dass es oft so hat sein dürfen, dass ein dunkler Punkt sich mit einem hellen Punkt zusammengetan hat, und ihr wisst, wo Licht ist, wird das Dunkle heller. Das hat lange Zeit funktioniert, meine Lieben, und somit hat das Dunkle immer mehr Macht verloren.

Ich bitte euch, werdet lichtvolle Wesen, die immer mehr Licht in sich hineinlassen, um die Wandlung der Erde zu vollziehen. Es wird etwas Wundervolles geschehen dürfen mit der Erde und mit euch, denn alle, die noch da sind, werden eine Transformation erleben dürfen, die unwahrscheinlich schön sein darf und wird.

Auf diesen Moment habe ich so lange gewartet, um euch die Tore zu öffnen, wenn ihr in Scharen endlich nach Hause kommt.

Vom VATER hat meine große Liebe die Heilige Flamme als großes Geschenk in ihrem Sein mitbekommen, um sie auf dem Weg zu halten, für den sie bestimmt ist. Und niemand, kein Wesen, sei es noch so dunkel, kann diese Flamme jemals löschen oder ihr wegnehmen.

Sie hat den Auftrag, zuerst im Stillen zu wirken und, wenn es Zeit dazu ist, im unendlich Großen ihr Werk zu vollenden. Und für jeden, der mit ihr ein Stück des Weges hat gehen dürfen, ist das eine große Gnade des VATERS und ein großartiges Weitergehendürfen eines jeden von euch.

☆☆☆☆☆

DIE ZUKUNFT

Nun sehet, euer ganzes System der Führung darf überdacht werden, denn in der Zukunft haben solche Führungen keinen Platz mehr. Es werden Wesen an die Spitze kommen, die fähig sind, ein Volk im Sinne des VATERS zu führen, es in die Liebe zu führen und nicht in ein Kriegsgeschehen.

Und das kann ich euch sagen: Dieses Wesen ist bereits unter euch und wird seine Bestimmung anfangen zu leben, wenn die Erde durch ihren Schüttelprozess gegangen ist und ihn durchgestanden hat. Das wird bald sein, denn ihr dürft in eine wunderschöne Zukunft sehen. Der Weg zum VATER wird euch freigemacht und keine Gebote und Verbote der Kirche mehr werden euch vom VATER trennen. Denn dann könnt ihr sagen: Der VATER und ich sind Eins, und Sein Wille geschehe, und nicht unser oder mein Wille geschehe.

Ja, meine Lieben, und wenn diese Zeit da ist, handelt weise. Schließt euch der Führung an und vollbringt ein Ganzes, zu dem ein jeder von euch seinen Teil beitragen kann und darf. Es werden keine Wesen mehr ohne Arbeit da sein, denn wer arbeitet, wird helfen, die Erde, Mutter Erde, auf eine wunderschöne Zeit vorzubereiten, die allen, aber auch wirklich allen, von Nutzen sein wird und nicht nur Einzelnen, die glauben, mehr Rechte als Pflichten zu haben. Nein, dann wird jeder bestimmen können, und ihr werdet die Einigkeit haben und ein Verstehen und eine

Harmonie fühlen und allen Wesen die Richtung weisen, die Richtung, die der VATER euch gibt für die Neue Zeit.

Bereitet euch jetzt schon darauf vor, denn es ist sehr wichtig, dass ihr anfangt, das, was ihr sagt, zu beobachten, und euch das Wissen wieder bewusst macht, dass Energie, die einmal frei wird, nicht mehr zu bremsen ist, sondern ihren Weg sucht durch alles, meine Lieben, wirklich durch alles.

Nun sage ich euch noch etwas: Sehet, der Papst hat die Aufgabe bekommen, sich zu halten, denn er wird der letzte sein seiner Art. Er trägt mit viel Liebe sein Amt, um euch darauf vorzubereiten, und ich sage euch, sein Wissen ist enorm. Er weiß, was auf euch zukommt, und was in den Schriften steht, die der Vatikan hütet wie den größten Schatz. Denn dort steht alles geschrieben, was geschehen wird. Es steht auch darin, dass mein so innig geliebtes Du vom VATER den Auftrag hat, etwas ganz Bestimmtes in die Wege zu leiten. Und sie wird ihn noch besuchen, bevor er den Weg nach Hause gehen darf. Sie wird ihm noch sagen dürfen, wer sie ist und dass sie nun bereit ist, alles, was er so lange gehütet hat, auf sich zu nehmen, um ihn zu entlasten, damit er dann seinen Heimweg antreten darf. Ja, sehet, der Vatikan hält vieles vor euch verschlossen und wenn ihr es sehen könntet, würdet ihr verstehen, was ich damit meine, wenn ich sage, dass euch die Macht der Kirche nichts mehr anhaben kann. Dann werdet ihr sagen:

VATER, ich bin da, um Dir zu dienen in alle Ewigkeit!
Amen So sei es Amen

Nun, meine Lieben, auch meine große Liebe wird ihren Auftrag erfüllen im Namen meines VATERS. Sie wird die Schlüssel haben, um euch den richtigen Weg zu weisen und die Tür zu öffnen, durch die jeder gehen darf. Aber seid euch sicher, es werden nicht alle Wesen durch dieselbe Tür gehen dürfen, und das ist eine große Verantwortung, die richtigen Wesen durch die richtige Tür zu lassen, so wie es die Bestimmung will.

Wir haben so viel Platz geschaffen, um euch liebevoll zu empfangen. Denn ihr wisst, die Menschen, die dann hier auf Erden bleiben dürfen, die werden in ein Neues Zeitalter gehen. Die Menschen, die der VATER zur Weiterentwicklung hier auf Erden wandeln lässt, die, meine Lieben, haben eine wunderschöne Aufgabe zu erfüllen.

Aber erst möchte ich euch erzählen, wie es dazu kommen wird und was im Moment geschehen darf.

Die Erde, Mutter Erde, ist am Wirken, wie ihr schon überall sehen und spüren könnt. Sie ist nicht mehr aufzuhalten, denn ihr werdet nun immer mehr hören von überall her, dass sie sich zu wehren beginnt und sich frei macht von so vielem. Und dann, meine Lieben, wenn Mutter Erde wieder zur Ruhe gekommen sein wird, dann wartet auf euch etwas Wunderschönes. Dann seid ihr in eine höhere Dimension gestiegen. Ja, ja, ihr habt richtig gehört, in eine höhere Dimension, denn damit haben wir bessere Möglichkeiten, euch zu erreichen.

In der dritten Dimension war es manchmal sehr, sehr schwierig, euch zu erreichen, denn ihr wart noch zu grobstofflich. Bei einigen von euch ging das sehr gut, um euch

Nahrung zu geben über das, was geschrieben, und das, was gesprochen wurde. Damit konnten wir euch helfen, euch weiterzuentwickeln und weiter voranzuschreiten. Und die Wesen, denen dies schon gelungen ist, die sich schon weiterentwickelt haben, sind im Dienste des VATERS da, um euch eine Richtung zu weisen, eine Richtung der Entwicklung auf dem Weg nach Hause.

Ihr seid ein ganz schönes Stück sehr, sehr schnell gegangen, denn wir haben euch Energien dafür auf die Erde geschickt und euch somit die Möglichkeit gegeben, euch auf das vorzubereiten, was jetzt im Gange ist, meine Lieben. Denn wenn nötig, wird die Energie noch weiter so stark ansteigen, dass mancher von euch sich nicht wohl fühlen und über Kopfschmerzen oder Kopfdruck beklagen wird. Dieses wird vorübergehen, und auch Schwindel und andere Unpässlichkeiten.

Und noch etwas Wichtiges:

Indem wir diese Energien zu euch auf die Erde schicken, haben alle die Möglichkeit, *alle* habe ich gesagt, diesen Wandel mitzugehen, in den Wandel der Erde mit eingebunden zu werden, ihr zu helfen, sich weiterzuentwickeln, und das schließt die Pflanzenwelt, die Tiere und vor allem auch euch selbst mit ein. Das, meine Lieben, ist das Ziel, denn es darf keinen Stillstand geben; das wäre ein Rückschritt, und der ist nicht gewünscht. Nein, auch Stillstand ist nicht im Plan des VATERS enthalten. Ihr habt Zeit genug für eine Umkehr gehabt, – ohne die Turbulenzen, die nun nicht mehr ganz zu verhindern sind.

Nun, es ist, wie es ist.

Und bedenkt, jeder von euch hat die Aufgabe bekommen, sich mit Mutter Erde zu entwickeln und die Wandlung in sich selbst zu vollziehen, und das heißt, mit der Erde aufzusteigen in eine Zeit der Harmonie und des Friedens. Es werden keine Kriege mehr sein, keine Hungersnöte und kein Rassenhass. Nein, es wird eine wunderschöne Zeit auf euch zukommen, und ihr werdet wieder Zeit haben, euch mit dem VATER an einen Tisch zu setzen und zu sagen:

VATER, wir sind bereit, alles für Dich zu tun, in Deinem Sinne zu handeln und zu wirken.

Auf diesen Moment könnt ihr euch freuen, denn die Achtung der Wesen untereinander wird wieder steigen und ein Leben wird wieder lebenswert sein. Und nicht so wie jetzt, wo die Werte anders liegen, wo Geld regiert und Macht, die Macht des Unguten, die sich freut, wenn immer mehr Menschen auf ihre Seite überwechseln, von den Medien unterstützt, die mithelfen, diese Seite aktiv zu halten. Denkt doch auch an die laute und heftige Musik, die dazu beiträgt, die Seelen junger Menschen auf ihre Seite zu ziehen, die keinen Halt mehr vom Elternhaus bekommen, weil die Eltern selbst keinen Halt mehr haben.

Und so, meine Lieben, sind wir wieder an der Wurzel des Ganzen, denn seht, eine Eiche hat Wurzeln, die tief in die Erde reichen, und diese Wurzeln halten den Baum sehr, sehr sicher. Und somit strahlt diese Eiche eine Sicherheit aus, die euch etwas zeigen möchte: Wenn ihr bei euch seid, wirklich bei euch und in eurem Sein, sicher und stark im Glauben zum VATER, dann habt ihr die Wurzel, die Kraft, alles, aber auch wirklich alles, zu überstehen. Und ich sage euch: Pflegt eure Wurzeln und gebt ihnen immer wieder Nahrung, denn ein gesunder Baum übersteht alles, wirklich alles. Das haben euch die Bäume an so vielen Orten gezeigt; sie haben sich für euch geopfert, um euch zu zeigen, wie viele von euch haltlos sind und wie wenige übrig bleiben, wenn sie der Wurzel keine Nahrung geben. Auch die Bäume, die gebrochen sind, zersplittert im ganzen Stamm, auch sie sind ein Zeichen der Natur, meine Lieben. Ihr könnt so vieles in der Natur sehen, und ihr könntet daran ablesen, wo ihr gerade steht. Denn alles, wirklich alles, wird euch gezeigt. Niemand kann sagen, der VATER hätte es euch nicht kundgetan, nein, das wäre falsch. Der VATER hat euch immer wieder solche Hinweise gegeben und euch liebevoll zur Umkehr gedrängt.

Auch meine über alles geliebte Mutter Maria ist immer und immer wieder dabei, euch aufzurütteln. Ihre Erscheinungen werden überall gesehen und gehört. Aber auch sie wird nie aufgeben, euch immer wieder daran zu erinnern, dass der VATER euch ruft, auf den rechten Weg zu gehen, denn der führt euch nach Hause in die Freiheit.

An der Natur, meine Lieben, könnt ihr noch so vieles mehr sehen. Denn sie zeigt euch auch euer Verhalten auf, in dem ihr Menschen euch gegenseitig spiegelt. Sie zeigt euch, wie unbedacht ihr mit allem, was euch heilig zu sein scheint, umgeht. Bitte, bedenkt all dieses – aber ich bitte euch so sehr, lasst euch nicht zu viel Zeit damit, denn die Zeit drängt. Dann, meine Lieben, ist es zu spät, noch etwas zu verändern. Ich bitte euch von ganzem Herzen, arbeitet an euch, werdet rein, macht eure Familie rein, befreit euch von den Mächten des Schatten und kommt ans Licht.

Ihr könnt es auch an den Menschen erkennen, die immer fröhlich ihres Weges ziehen, die lachend den Tag willkommen heißen und die lachend den Tag in den Schlaf legen. Nun, an solchen Wesen, meine Lieben, solltet ihr nicht einfach so vorbeigehen. Orientiert euch an ihnen; sie tragen die Liebe des VATERS in ihrem Herzen und verbreiten die Liebe des VATERS. Denn auf diese Art und Weise werdet ihr Nahrung bekommen, und so braucht ihr euch nicht um die Nahrung zu sorgen.

Sorgt euch um euch und eure Lieben, aber sorgt euch vor allem um euch, denn wenn ihr die Reinheit des Herzens erlangt, wird automatisch das Umfeld in Ordnung gebracht. Es werden sich Wege öffnen, die ihr vorher nicht gesehen habt, weil ihr die Augen nicht offen hattet. Dabei ist alles so nahe, ihr braucht nicht in der Ferne zu suchen. Nein, es ist bei euch, zum Greifen nahe. Aber ihr dürft es fühlen oder ihr dürft es sehen, und selbst wenn es für euch noch so unscheinbar erscheint, seht es euch genau an, denn das kann ein Samenkorn für eure Zukunft sein. Ja, meine Lieben, so einfach wäre es, wenn jeder euch nur lassen würde oder ihr nicht zulassen würdet, dass man euch dieses nimmt. Bitte, fangt an zu bedenken, was ich euch gesagt habe.

Ich liebe euch so sehr. Ihr schafft euch eure Wohnung in des VATERS Haus, und die kann wunderschön sein.

Für viele von euch wird die Zeit, die kommt, ein Neubeginn sein im Fühlen und Denken, und darin wird das Alte keinen Platz mehr haben.

Der VATER wünscht sich, dass ihr liebevoll gelenkt seid. Es wird keine Zeit mehr sein, um sich Gedanken zu machen, wie zum Beispiel: *Wie könnte ich dem anderen schaden*. Nein, dann wird von jedem von euch gefordert, zu überdenken, was und wo er helfen kann, um alles wieder in Ordnung zu bringen. Dann seid ihr die Macher und könnt kreieren, *was* ihr und *wie* ihr es möchtet. Dann seid ihr fähig, euch selbst alles zu erschaffen. Ja, das hört sich an wie ein Märchen, aber es ist die Wahrheit.

Die Wesen, die durch eine gewisse Entwicklung gegangen sind, die werden dazu fähig sein, und das ist auch wieder ein Geschenk, das der VATER euch gibt, um vieles für euch leichter zu machen. Auch werden die Finanzen euch nicht mehr so drücken wie in der jetzigen Zeit. Wenn ihr bedenkt, dass ein jeder in Frieden, Harmonie und im Überfluss leben kann, werdet ihr die Zeit, die kommen wird, anders durchstehen, als wenn ihr wüsstet, dass euch Leid, Armut und Krankheit erwarten.

Ja, meine Lieben, der VATER gibt denen, die mit IHM sind, etwas Wunderbares, und Er wünscht es sich so sehr, dass noch viele diesen Schritt machen, denn es gibt immer noch die, die sich nicht ganz sicher sind: Soll ich mich auf die Seite des Lichts stellen, oder soll ich mich auf die dunkle Seite stellen?

Bedenkt eure Schritte gut, meine Lieben, es gibt nur noch Licht und Schatten.

Und ich sage euch, es ist der helle Weg zu gehen, der Weg der Gefühle und des Herzens. Denn wer seine Gefühle und sein Herz sprechen lässt, wird in der Neuen Zeit willkommen sein.

☆☆☆☆☆

DAS HERZ DER ERDE IN DER NEUEN ZEIT

Nun möchte ich euch noch das Geheimnis von Atlantis erzählen: Es ist etwas Großartiges geschehen, das nun wieder sein darf.

Die Wesenheiten, die immer noch auf Atlantis sind und damals schon unterirdisch ihr Wirken hatten, haben nie aufgehört zu sein. Diese Wesenheiten haben Atlantis am Leben erhalten die ganze Zeit hindurch. Sie hatten schon damals die Aufgabe, einen Teil mit Energien zu versorgen, die an der Oberfläche nicht möglich gewesen wären, und haben alles für ein Weitersein wiederhergestellt, um den Zeitpunkt abzuwarten, bis der VATER die Zeit für gut hält, Atlantis wieder steigen zu lassen.

Diese Wesen sind nicht sehr glücklich, dass dieses wieder geschehen darf und wird, denn sie haben noch vor Augen, wie es damals untergegangen ist.

Damals war meine große Liebe von den Mächten, die gewirkt hatten, ins Meer geschleudert worden, und hinter ihr her kamen Felsbrocken. Sie wurde eingeklemmt und musste auf grausame Art und Weise ertrinken. Die Wesen damals mussten zusehen, wie das alles geschah, und sie konnten ihr nicht helfen. Und daher haben sie beschlossen, nie mehr für die Wesen, die auf Atlantis sein werden, zu arbeiten, denn schon damals war das Wissen da, dass Atlantis eines Tages wieder steigen wird. Sie wurden erst umgestimmt, als sie hörten, dass meine große Liebe wieder in Atlantis einziehen wird, denn damals war die Liebe von meinem so innig geliebten Du zu diesen Wesen sehr groß, denn sie hat gewusst, wie großartig sie sind und was für eine Aufgabe sie hatten. Sie hat sehr eng mit ihnen zusammengearbeitet und vieles bewegen können, so dass dieser schöne Kontinent zwar untergegangen, aber nicht auseinandergebrochen ist und dann hoffnungslos verloren gewesen wäre.

Und somit ist das Weitersein von Atlantis wieder möglich.

Wenn der Schüttelprozess der Erde vorbei ist und die Neue Zeit eingeläutet, wird Atlantis wieder steigen, meine Lieben. Das wird ein wundervoller Akt der Natur sein, und Mutter Erde wird sehr glücklich sein, dass ihr Herz ans Licht kommen darf.

Ja, ihr habt richtig gehört: ihr Herz.

Atlantis war und ist immer noch das *Herz der Erde,* meine Lieben, und es hat nie aufgehört zu schlagen.

Es sind viele Wesen von Atlantis im Hier und Jetzt, aber nur wenige werden wieder auf Atlantis sein dürfen, denn das, was damals geschehen ist, darf nicht noch einmal sein. Der VATER gibt es nicht noch einmal frei für eine Entwicklung, wie sie seinerzeit geschah. Nur durch die wiederholten Bitten von meinem geliebten Du beim VATER darf das nun geschehen. ER wünscht, dass ihr Wirken auf Atlantis wieder beginnen möge. Denn so vieles wird dort wieder möglich sein für eure Wissenschaft und für euer weiteres Leben.

Auch meine große Liebe wird ihr Wirken dort haben. Und selbst wenn sie wieder bei mir sein wird, wird ihr ein

Kommen und Gehen möglich sein. Auch ich werde wieder bei euch sein, aber nicht durch eine Geburt, sondern durch Manifestieren der Energien, was dann möglich sein wird. Auf diesen Moment, meine Lieben, auf den Moment des gemeinsamen Wirkens mit meiner großen Liebe, habe ich so lange gewartet, und meine Freude ist riesengroß.

Auf Atlantis werden auch die Meister sein, die damals ihren Aufstieg gemacht haben. Sie werden ihr Wirken bekommen, um euch weiterhin zu helfen, die Erde wieder aufzubauen und euch zu lehren, eine friedvolle Zeit auf Erden einzuhalten. Denn es wird eine ganze lange Zeit keine Kriege mehr geben und wieder ein Füreinander und Miteinander gelebt werden können. Eine wunderschöne Zeit wird kommen, wo ihr dem VATER wieder näher seid als heute, wo ihr keine Zeit habt für niemanden und alles vergessen habt, woher und wohin ihr gehen werdet – dass der VATER euer aller VATER ist, der Ursprung allen Seins, jetzt und für immerdar.

Denkt an meine Worte:

Nicht mein Wille geschehe.
Nein, VATER, DEIN Wille geschehe.
In Ewigkeit, Amen.

In großer Liebe
Sananda

VATER

Höret, ihr Wesen, die ihr auf Erden wandelt, höret die Worte des VATERS.

Bereitet euch vor auf die Zeit, die kommen wird und darf. Mutter Erde wird es bald geschafft haben, sich von so vielem zu befreien, was sie hindert an ihrem Weiterkommen. Nun, wenn diese Zeit vorbei ist, wird der Weg für euch sein, Mutter Erde zu achten, zu ehren und zu lieben, denn dann dulde ich keine Missachtungen ihrer mehr.

Es wird ein jeder für den anderen da sein, und ihr werdet geführt von der geistigen Welt, die euch in Liebe und Harmonie schulen wird, um noch mehr Liebe zu geben für alle Wesen und die Tiere, denn auch sie haben dann wieder die Achtung, die sie verdienen. Es wird kein Minderwert mehr da sein.

Alle und *alles* wird gleichwertig sein, meine Lieben – gleich–wertig und gleich–gültig.

Gleichgültig sein heißt nicht, nichts wert zu sein, nein, gleichgültig sein heißt, genau gleichwertig zu sein wie die anderen.

Ich liebe euch so sehr und erwarte euer Kommen mit großer Sehnsucht und Freude

Euer aller VATER

DAS ALL-ERKENNEN

Nachts, bei der kältesten Kälte,
die Wärme in eurem Innern –
bin ich.

Weit draußen, am Firmament,
das Glitzern der Gestirne –
bin ich.

Tief im dunkelsten tiefen Wasser,
das blaue warme Schimmern –
bin ich.

Tief in den Augen deines Gegenübers,
der wunderschöne Regenbogen –
bin ich.

Wenn es leise ist und die Luft still steht,
die leise Stimme in deinem Ohr –
bin ich.

Wenn du dir die Luft anschaust
und nicht nur vorbei,
dieses Glitzern in der Sonne –
bin ich.

Wenn du ganz alleine bist
und versuchst nichts zu fühlen,
dieses einmalige Gefühl in dir –
bin ich.

Wenn du ganz alleine draußen bist
und dich nur auf dich konzentrierst,
dieses Streicheln des Windes –
bin ich.

Wenn du in den Himmel auf die Wolken starrst,
und nur Engel siehst, dann weißt du, –
ICH BIN.

Ich bin, der ich bin,
der ich war, der ich sein werde.
Die Heiligkeit des Seins, des Lebens.
Der Ursprung.
Und das Ende.
Das Wesen des Wesens.
Aller Wesen.
So war es, so ist es,
so wird es immer sein.

In alle Ewigkeit. Amen.

Das höchste Göttliche Wesen hat gesprochen.
So steht es geschrieben.
So ist es.
So wird es geschehen.
So sei es.
So wird es in allen Zeiten sein.
Amen, Amen, Amen.

Genießet die Worte des Allvaters.
Schließet nun lange die Augen.
Der Vater wird euch holen.
Lasset die Tränen trocknen.
Öffnet die Augen wieder, und ihr werdet verstehen.
Alles wird gut, denn alles geschieht im Einklang.

Manuel Stettner, 12.02.2003

Bitte lesen Sie weiter ...

Simone Crämer

Sananda: Ihr seid das Licht der Welt
Neue Botschaften zur Bergpredigt

192 Seiten, broschiert, ISBN 3-934254-38-1

Dieses aus der geistigen Welt übermittelte Buch verbindet altes christliches Gedankengut mit dem Christusbewusstsein unseres Neuen Zeitalters.
Der Aufgestiegene Meister und Weltenlehrer SANANDA gibt uns ein Neuverständnis seines Anliegens und knüpft dabei an die Bergpredigt an, jene Eingangsrede zum Neuen Testament, deren immerwährende Gültigkeit und tiefe spirituelle Weisheit noch immer wegweisend für uns ist.

Barbara Vödisch

Sananda – die Neue Zeit ist jetzt

192 Seiten, broschiert, ISBN 3-934254-44-6

Sananda (auf Erden als Jesus Christus bekannt) gibt uns hier für diese Zeit großer Turbulenzen und Herausforderungen im Privaten wie im Weltpolitischen wichtige Hinweise, u.a. auch zum 11. September, zu Macht und Machtmissbrauch, zu den Indigo-Kindern sowie zu Ernährung und Krankheit. Er zeigt eindringlich auf, dass wir auf keine bessere Welt in der Zukunft warten sollen, sondern beschreibt, wie wir hier und jetzt wahren Frieden, die Vollendung finden können, mit Segenssprüchen, Gebeten, Meditationen und Affirmationen sowie zahlreichen praktischen Tipps.

Ines Witte-Henriksen

St. Germain –
Die Violette Flamme der Transformation

144 Seiten, broschiert, ISBN 3-934254-58-6

St. Germain führt uns in die Arbeit mit der Violetten Flamme ein, damit wir dieses kraftvolle Instrument der Transformation für uns und andere im Alltag nutzen können. Hilarion vermittelt Wissen über die grüne Heilflamme. Seine Heilmeditationen im grünen Strahl bestärken uns darin, uns für die eigene Wahrheit zu öffnen und unseren inneren Bildern und Wahrnehmungen zu vertrauen. Das Innere Kind erfährt Heilung durch das Mitgefühl der Aufgestiegenen Meisterin Kwan Yin und die bedingungs-lose Liebe der Delfine. Die Hilfe der Aufgestiegenen Meister wird durch dieses Buch für jeden praktisch erfahrbar.

Bernhard Hunziker

Erwachen zum Kosmischen Menschen
Botschaften von Helios

192 Seiten, A5, broschiert, ISBN 3-934254-65-9

Die von der Solaren Einheit (Energie/Bewusstsein der Zentral-sonne, Heimat von Helios), durchgegebenen Botschaften möchten die Menschen aktivieren und unterstützen, sich zu öffnen und in die Einheit mit der göttlichen Quelle zu begeben.
In den Texten und den sehr tief gehenden energetischen Übungen zur Öffnung der Zwölf-Strang-DNS wird Bewusstsein vermittelt, das uns auf den Weg des Einswerdens führt, und so kann in Leichtigkeit und Freude die eigene göttliche Quelle entdeckt werden, die jeder Mensch in sich trägt. U.a. mit Durchsagen des Aufgestiegenen Meisters Hilarion, der Og Min, einer Sternenrasse, und anderen geistigen Wesen. Ein wichtiges Buch in dieser Zeit des Wandels!
„Das Einssein mit der eigenen Göttlichkeit macht den Menschen zum Kosmischen Menschen"

Claire Avalon

Wesen und Wirken der Weißen Bruderschaft

128 Seiten, DIN A 5, Softcover, ISBN 3-926374-90-X

„Wie wir wurden, was wir sind –

Und wie wir werden dürfen, um zu sein."

Die Autorin vermittelt in einfacher und klarer Sprache den Aufbau der Großen Weißen Bruderschaft, einer rein geistigen Hierarchie für unsere Erde, und geht dabei weit zurück bis zu den Ursprüngen unseres Seins. Außerdem weisen die Aufgestiegenen Meister und Weltenlehrer, wie Jesus, Helios, Kuthumi, Maha Cohan, Maitreya, Sanat Kumara, anhand gechannelter Texte den Weg zurück ins Licht.

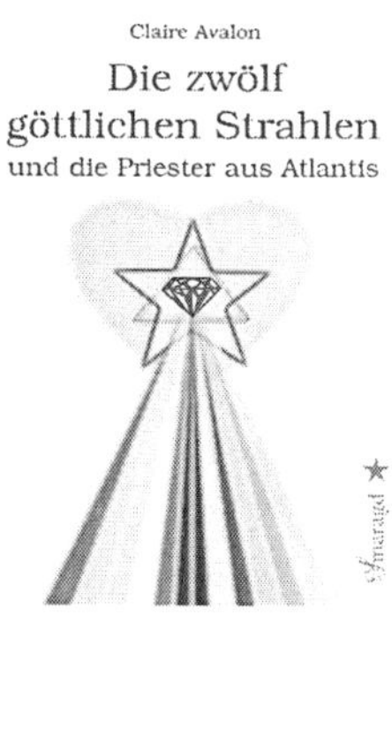

Claire Avalon

Die zwölf göttlichen Strahlen und die Priester aus Atlantis

384 Seiten, geb., ISBN 3-934254-12-8

Dieses umfangreiche, ausschließlich gechannelte Werk enthält hochinteressante Informationen über das Wirken der zwölf göttlichen Strahlen und macht uns mit dem neuen und doch alten Basiswissen aus Atlantis vertraut, das uns bisher nicht zur Verfügung stand. Wir lernen 84 atlantische Priester und Priesterinnen kennen, die von EL MORYA vorgestellt werden und dann selbst zu ihren speziellen Aufgaben sprechen. Ein wichtiges Buch, das auch viele Therapeuten, Heilpraktiker und Helfer der Menschheit erreichen möchte.

Antan Minatti

Kristallwissen – Der Schlüssel von Atlantis

296 Seiten, A5, broschiert, ISBN 3-934254-62-4

Die eigentlichen Autoren dieses Buches sind die atlantische Kristallwesenheit Kiria Deva und Elyah, eine Wesenheit von Kassiopeia. Sie führen uns zurück nach Atlantis und möchten unsere Erinnerung an das Bewusstsein dieser Zeit, an Verbindungen zu Sternenenergien und noch vieles mehr wecken und zeigen uns die Illusion der Dritten Dimension, beschreiben, wie und warum sie errichtet und erhalten wird, und geben Hilfestellung, diese zu erkennen und zu durchlichten. Viele Zusammenhänge zwischen Körper-ebenen und den feinstofflichen Ebenen unseres Seins werden erklärt und in Beziehung zu den Kristallschichten, den Turmalinebenen und den Transpondern gbracht. Es ist die Fortführung und Erweiterung von *Kiria Deva und das Kristallwissen von Atlantis*, und dennoch erst der Beginn einer Reise in unsere Vergangenheit und Zukunft.

Antan Minatti

Kiria Deva und das Kristallwissen von Atlantis

169 Seiten broschiert, ISBN 3-934254-34-9

Kiria Deva, eine Kristallwesenheit, hat sich bereit erklärt, die schwere Bürde des Machtmissbrauchs und Untergangs, die auf dem Begriff Atlantis liegt, mit ihrer Schwingung zu heilen. Dieses Buch richtet sich daher an alle, die sich auf dem Weg des Heilwerdens befinden und bei der Mitgestaltung des Neuen Zeitalters aktiv mithelfen wollen. Viele einfache Übungen und Anregungen begleiten uns mit gechannelten Texten und Informationen zu Kristallen, fünfdimensionalen Farben und anderen Themen und helfen uns, Verbindungen und Heilung herzustellen mit Teilen unseres Selbst, mit dem Reich der Pflanzen und Tiere, mit dem Reich des Blauen Volkes, mit Wesen der Inneren Erde und dem Bewusstsein von Mutter Gaia.

Julia V. Alefelder

Das alte Wissen der Kristalle - Die Brücke zu 55 Edelsteinen

164 Seiten, broschiert, ISBN 3-934254-59-4

Für Julia V. Alefelder sind Kristalle eine Brücke zur geistigen Welt, über die sie Botschaften unserer Brüder und Schwestern von der „anderen“ Seite des Vorhangs erhält. Und so ist aus ihrer innigen Liebe zu den Kristallen ein sehr berührendes Buch mit tiefen Weisheiten und Wahrheiten entstanden, denen sich niemand entziehen kann. Der Weg über die Regenbogenbrücke ins Licht ist immer offen. Es liegt nur an uns, ob wir ihn beschreiten möchten.

Ava Minatti

Heilung für das Innere Kind

192 Seiten, broschiert, ISBN 3-934254-37-3

Das heile, Innere Kind ist ein Teil in uns, der voller Lebensfreude, Neugierde, Vertrauen und Liebe ist. Wurde es verletzt, agieren wir nicht mehr frei, sondern reagieren ängstlich, trotzig wütend oder traurig. So finden sich in diesem Buch zahlreiche Botschaften, Anregungen und Übungen aus der geistigen Welt, wie Sie sich von der Identifikation mit Ihren schmerzhaften Erfahrungen lösen und sich auf Ihr heiles Inneres Kindsein einlassen können.

Ava Minatti

Die Kinder der Neuen Zeit – Strahlende Funken des Lichts

196 Seiten, broschiert, ISBN 3-934254-23-3

Immer mehr Kinder werden weltweit geboren, die bereits mit einem neuen Bewusstsein zur Welt kommen und somit Verhaltensweisen an den Tag legen, die „anders“ sind. Ava Minatti, selbst Mutter von zwei “neuen” Kindern, erzählt von ihren persönlichen Erfahrungen in der Schwangerschaft, bei der Geburt und im Alltag mit diesen Kindern und bietet viele praktische Anregungen, Übungen und Meditationen. Mit Botschaften aus der geistigen Welt, u.a. von Engeln und des Aufgestiegenen Meisters Hilarion.

Ava Minatti

Die Kinder des Drachen oder Die Wiedererweckung der Weiblichkeit

248 Seiten, A5, broschiert, ISBN 3-934254-67-5

Drachen sind sehr weise und kollektive Lebewesen, die Sternenkraft und Erdenwissen in sich vereinen und in vielen Kulturen als Kinder der Großen Göttin verehrt wurden. Und so ist der Drachenweg ein Ausdruck für den Wunsch, die Einheit in allem zu erkennen und diese bewusst leben zu wollen.

Die Wiedererweckung der Weiblichkeit steht für die kreativ-erschaffende Kraft in jedem Menschen, jenseits der Trennung zwischen Frau und Mann, denn für die Große Mutter, die uns alle geboren hat, sind wir alle gleich.

Die Aussöhnung mit unserer inneren Weiblichkeit mit Hilfe unserer Drachengeschwister führt uns in die Fähigkeit zu lieben, - uns selbst, andere Menschen, Tiere, Pflanzen und feinstoffliche Begleiter.

Mit wunderschönen, berührenden Botschaften der Drachen und zahlreichen Meditationen.

Anjana Gill

Du und deine Engel – ein himmlisches Team

108 Seiten, Hardcover mit zahlreichen farbigen Abbildungen, ISBN 3-934254-46-2

Für Anjana Gill sind Engel keine heiligen fernen Wesen, sondern unsere Lebensbegleiter, die sich freuen, für uns da zu sein. Sie erklärt in leichten Schritten, wie Sie die Engel in Ihrem Leben integrieren können.
Lernen Sie mit Hilfe dieses wunderschön gestalteten Buches Ihre „himmlischen Mitarbeiter" kennen und verschmelzen Sie zu einem sensationellen Team!
Lassen Sie sich beflügeln! It's time for an angel!

Anjana Gill

Wie Wünsche wahr werden

Persönliche Wunscherfüllung
80 Seiten Hardcover, mit zahlreichen farbigen Abbildungen, ISBN 3-934254-42-X

Ein mitreißendes Buch darüber, wie wir es im Alltag schaffen, unsere Gedanken zu kontrollieren und unsere Wünsche „wahr" werden zu lassen. Das Besondere an diesem Buch ist der klare und logische Aufbau, der ein effektives und freudiges Arbeiten ermöglicht – eine Art „Gebrauchsanweisung" – in der Sie Schritt für Schritt den einzelnen logisch aufeinander abgestimmten Punkte folgen, und schon können Sie sich auf die Erfüllung Ihrer Wünsche freuen: das richtige Haus oder den Partner/die Partnerin für's Leben.

Anjana Gill

Tue, was dein Herz dir sagt
Indische Weisheit trifft westlichen Alltag

184 Seiten, A5, gebunden, ISBN 3-934254-70-5

Als Halbinderin weiß Anjana Gill wovon sie spricht:
Tue, was dein Herz dir sagt geht ganz auf die Bedürfnisse der heutigen Menschen ein – dem Wunsch nach einem tiefen erfüllten Leben *und* dem Bedürfnis nach finanziellem Wohlstand. Hier wird das alte asiatische spirituelle Wissen in das moderne, westliche Leben eingebettet.
Intuition, unsere innere Schatzkammer. Die Weisheit der Seele. – das sind nur einige Themen dieses Grundlagenwerks, das helfen möchte, Wohlstand und Spiritualität im Alltag zu verbinden. Anjana Gill erzählt als Beispiel die Geschichte ihres Vaters, der von Indien nach Europa kam und in Deutschland mit der Modefirma Gillio ein sehr erfolgreicher Geschäftsmann wurde. Es lohnt sich, mit dem Herzen zu hören!!